Eleonore Jacobi

Ouija

Eleonore Jacobi

Ouija

Channeln und Lebenshilfe
mit dem magischen Brett

Ansata Verlag
Ansata ist ein Verlag der Verlagsgruppe
Random House GmbH

ISBN 3-7787-7225-2

Redaktion: Dr. Juliane Molitor
Einbandgestaltung und Illustrationen S. 23, 25:
Reinert Werbedesign, München
Illustrationen S. 180–185: Lisa Große, Hamburg
Gesetzt aus der Sabon und Benguinat Gothic bei
Franzis print & media, München
Druck und Bindung: Bercker, Kevelaer

Inhalt

Prolog ... 9
Mein Weg zum Ouija Brett ... 14
Kontakt mit dem Jenseits ... 17
Wie sieht ein Ouija Brett aus? ... 22
Eine Sitzung mit dem Ouija Brett in der Praxis ... 26
Die dunkle Seite des Ouija Bretts ... 67
Gibt es die geistige Welt wirklich? ... 79
Mit wem tritt man bei einer Ouija Brett-Sitzung in Kontakt? ... 95
Gespräch mit dem Unterbewusstsein ... 111
Angst ... 124
Automatismus und automatisches Schreiben ... 128
Die Geschichte des Ouija Brettes ... 132
Medien und Spiritisten ... 143
So stellen Sie Ihr eigenes Ouija Brett her ... 157
Atina und Helmut ... 164
Fragen und Antworten ... 170
Schlusswort ... 175
Bibliographie ... 176
Anhang ... 179

Der Schein des Seins

Ist man hier? Oder ist man dort?
Oder ist man vielerorts?
Ist die Welt, die man sieht,
wirklich die Welt, in der man ist?
Woher will man das wissen?

Eleonore Jacobi

Prolog

Eines Abends bat ich das Ouija Brett in einer Weise um Auskunft, wie ich es bis dahin noch nie getan hatte. Im Rahmen einer Geburtstagsfeier fragte mich Renate, eine langjährige Freundin, aus heiterem Himmel, ob sie eine Frage an das Ouija Brett stellen könne. Jetzt gleich, es sei dringend. Wir hatten im Laufe des Abends zwar unter anderem über das Ouija Brett und die Möglichkeiten diskutiert, die man damit hat, eine konkrete Befragung jedoch nicht in Betracht gezogen. Von den Gästen, die hier um den Tisch saßen, hielt kaum einer etwas von den Fähigkeiten des Ouija Bretts, die meisten wollten noch nicht einmal ganz allgemein etwas von esoterischen Themen wissen. In einer solchen Runde sollte ich ad hoc eine Ouija Brett-Sitzung abhalten? Mit wem sie sich denn in Verbindung setzen wolle, fragte eine der Anwesenden erschrocken. Doch nicht etwa mit ihrer verstorbenen Tante oder so etwas. Zögernd erzählte Renate, ihre Katze sei weggelaufen, und nun seien sie und ihre Tochter ganz verzweifelt. Es stellte sich heraus, dass ihre Tochter sie inständig gebeten hatte, mich um eine Befragung des Ouija Bretts zu bitten.

Ich kannte Renate schon seit Jahren als einen sehr tierlieben Menschen und konnte mir nicht vorstellen, dass jemals eines ihrer Haustier freiwillig weglaufen würde. Die Katze sei von einem Hund derart erschreckt worden, erzählte sie, dass sie sich aus ihren Armen gewunden habe und davongelaufen sei. Außerdem sei das fast dreißig Kilometer von ihrem

Haus entfernt passiert. Sie sah bittend in die Tischrunde und appellierte an das Mitgefühl meiner übrigen Gäste.

Ich hätte natürlich sagen können, wir machen diese Sitzung zu zweit, wenn alle anderen fort sind, aber ich fühlte mich nicht in der Lage, eine ganze Sitzung ausschließlich mit meiner Energie zu leiten. Ich glaubte nicht, dass Renate viel zu einer solchen Sitzung beitragen würde, zumal ich wusste, wie skeptisch sie war. Und wenn schon, sollten alle mitmachen. Schließlich erklärte die ganze Tischrunde: »Wenn es Renate und dem Tier hilft, springen wir über unseren Schatten.« Eine Bedingung gab es allerdings: Keine Rituale! Ich behielt meine Vorbehalte für mich. Meiner Meinung nach war eine Sitzung im Kreis von Skeptikern zum Scheitern verurteilt. Ich konnte mir einfach nicht vorstellen, wie ich sie alle dazu bringen sollte, sich zu konzentrieren oder mit Ernst bei der Sache zu sein. Schließlich hatten wir uns lediglich zu einem netten Geburtstagsessen getroffen und waren mittlerweile alle recht guter Dinge.

Trotzdem räumten wir gemeinsam den Tisch ab und ich holte mein rundes Ouija Brett aus dem Schrank, das mit roten Buchstaben, Zahlen und Ornamenten auf schwarzem Grund bemalt ist. »So sieht es also aus«, meinte eine Freundin. Sie habe zwar schon von Ouija Brettern gehört, aber noch nie eines gesehen. Diese Buchstaben und Zahlen sollten uns nun weiterbringen?

Ich blies die Kerzen aus, die während des Abendessens gebrannt hatten, und schaltete alle Lichter an. Ich wollte, dass die Umgebung möglichst nüchtern und die Sitzung für jeden Teilnehmer gut zu verfolgen war. Wir setzten uns um den Tisch und legten das Ouija Brett in die Mitte. Die Sitzung konnte beginnen. Ich bat alle Anwesenden, die Fingerkuppen auf die runde Holzplanchette zu legen, und zwar so leicht wie möglich, um die Bewegung der Planchette, sollte sie sich denn einstellen, nicht zu behindern.

Es war plötzlich sehr still im Raum geworden. Zögerlich hatte jeder zwei Zeigefinger auf die Planchette gelegt. In die Stille hinein begann ich laut zu fragen, ob jemand da sei und unsere Frage beantworten würde. Ein nervöses Husten am Tisch war nicht zu überhören. Nach einer Weile unruhigen Wartens geschah das eher Unerwartete: Die Planchette bewegte sich ganz langsam auf das Wort Ja zu.

»Das kann nicht sein«, meinte eine der Teilnehmerinnen sofort, »da muss jemand angeschoben haben.« Alle protestierten vehement. Ich selbst hielt mich aus der Diskussion heraus und versuchte konzentriert zu bleiben. Eigentlich wollte ich dieser Angelegenheit keine große Sitzung widmen, sondern hoffte, ein einfaches Ja oder Nein auf die Frage, ob die Katze noch lebte und nach Hause käme, würde genügen. Dann verlangte eine der Teilnehmerinnen etwas zum Schreiben. Alle nahmen ihre Hände von der Planchette, Kugelschreiber und ein Blatt Papier wurden herbeigeholt, und wir begannen wieder von vorn. Renate, die um diese Sitzung gebeten hatte, schaute immer unglücklicher drein. Niemand schien wirklich bei der Sache zu sein. »Also, was wollen wir wissen?«, fragte eine der Teilnehmerinnen. Renate meinte, sie wolle nur wissen, ob ihr Kater Theo noch lebe und sie ihn wiederbekommen würde. Jetzt begann eine Diskussion darüber, wie schwierig es sei, Tiere zu finden. Einige hatten so etwas schon mit einem Pendel versucht und waren nicht erfolgreich gewesen. Die Diskussion schweifte ab, und wieder ließ die Konzentration nach. Trotzdem legten alle nach einer Weile die Finger erneut auf die Planchette, und ich fragte noch einmal, ob jemand da sei, der uns antworten würde. Nach einer Weile bewegte sich die Planchette langsam wieder auf »Ja« zu. »Zumindest hat unser Kontakt mit der geistigen Welt Geduld«, dachte ich.

Frage: *»Lebt Renates Kater Theo noch?«*

Nach einigen Minuten nervenaufreibender Spannung – ich wollte die Sitzung schon abbrechen – bewegte sich die Planchette langsam wieder auf *Ja* zu.

Frage: *»Wo ist die Katze?«*
Antwort: *»Susi«*

Mit »Susi« konnte ich nichts anfangen. Ich sah Renate fragend an. Susi hieß die Katze einer Freundin von ihr, die auch einmal verloren gegangen und in einem Keller eingesperrt gewesen war. Zufällig hatte Renate sie halb verhungert gefunden und aus ihrem Gefängnis befreien können. Wir schlossen daraus, dass sich die Katze in einen Keller geflüchtet hatte und jetzt nicht mehr herausfand. Wir würden versuchen, das Gebiet einzugrenzen.

Frage: *»Wo befindet sich die Katze?«*
Antwort: *»Germering« (Das ist ein Vorort von München).*
Frage: *»Bekommt sie die Katze wieder?«*
Antwort: *Die Planchette bewegte sich erneut auf Ja zu.*
Frage: *»Wann wird die Katze nach Hause kommen?«*

Lange tat sich nichts, dann kam die Antwort sehr zögerlich: *»Sechs Wochen.«*

Ich brach die Sitzung ab. Mehr würde nicht kommen. Ich fühlte genau, was niemand aussprechen wollte. Keiner glaubte an die Antworten, aber niemand wollte Renate die Hoffnung nehmen. Sechs Wochen sind eine lange Zeit für ein Haustier, das ganz auf sich gestellt ist.

An diesem Abend gingen wir mit zwiespältigen Gefühlen auseinander. Die Telefongespräche, die anschließend zu diesem Thema geführt wurden, ließen keine Zweifel: Wir wünschten zwar alle, dass dieses so heiß geliebte Haustier zurückkommen würde, aber ...

Ich selbst war mir auch nicht sicher. Die Befragung war von sehr unkonzentrierten und skeptischen Menschen durchgeführt worden. Ob wir auf diese Weise einen echten Kontakt hergestellt und die Wahrheit erfahren hatten? Oder war die Antwort aus unserem kollektiven Unterbewusstsein gekommen, ein Kind unseres gemeinsamen Wunsches, dessen Energie die Planchette auf das Ja gelenkt hatte? Die Zeit würde Klarheit und Wahrheit bringen.

Sechs Wochen vergingen. Renate hatte eine Suchanzeige in allen Zeitungen aufgegeben. Ohne Erfolg. Sie hatte zwar einige Anrufe bekommen, aber es war immer das falsche Tier gewesen. Nach zwei Monaten vergeblicher Suche entschloss sie sich, eine neue Katze zu kaufen. Sie hatte bereits ein junges Kätzchen ausgesucht. Doch nach zwei Monaten kam Theo abgemagert, erschöpft und verängstigt, aber ansonsten gesund zum offenen Fenster hereinspaziert.

Mein Weg zum Ouija Brett

Meine ersten Versuche mit dem Ouija Brett waren reine Kinder der Neugier. Ich wollte wissen, wie ein Kontakt zur »anderen Welt« über das Ouija Brett hergestellt werden konnte und wie groß der Unterschied zu anderen Formen der Kontaktaufnahme war, zum Beispiel zum Kartenlegen oder zum Pendeln. Schon seit vielen Jahren interessierte ich mich für die unterschiedlichen Möglichkeiten, Verbindung mit der jenseitigen Welt aufzunehmen. Mein Interesse an diesem Thema war durch eine Reinkarnationssitzung geweckt worden, die mir eine neue Welt eröffnete und sehr deutlich aufzeigte, wozu der Mensch, oder besser gesagt, wozu Gehirn und Geist des Menschen in tiefer Entspannung fähig sind. Weil ich jedoch ein praktischer Mensch bin, war ich der Meinung, solche Kontakte sollten immer auch einen unmittelbaren Wert haben, einen auf dieses Leben anwendbaren Nutzen. Wie »praktisch« oder »nützlich« würde das Ouija Brett sein? Den ersten Schritt machte ich zusammen mit einer Freundin, denn ich selbst war damals noch zu unsicher und traute mich nicht, allein mit dem Ouija Brett zu arbeiten. Ich hatte mir zwar bereits eines angefertigt, aber bisher lag es noch unbenutzt im Schrank, während meine Freundin bereits Kontakt mit dieser anderen, geistigen Welt aufgenommen und für sich persönlich gute Ergebnisse erzielt hatte. Ich gestehe, dass ich ziemliches Herzklopfen hatte, als wir beide gemeinsam vor dem Ouija Brett saßen und die erste Frage stellten: »Ist dort jemand?«

Wir blieben ganz still und konzentriert. Eine Zeitlang geschah gar nichts. Unsere Finger lagen ganz leicht auf der hölzernen Planchette, und mein Arm tat schon weh. Endlich bewegte sich die Planchette auf das Ja zu.

Wir hatten also Kontakt, aber danach geschah zunächst wieder gar nichts. Auf unsere Frage, wann er mit uns »reden« wolle, bewegte sich die Planchette zur Zahl Acht. Als wir nachfragten, ob damit acht Uhr gemeint sei, kam die Antwort ja. Dann bewegte sich die Planchette nach links und verließ abrupt das Brett. Wir waren leicht konsterniert. Weil wir diese Sitzung abends abhielten, gingen wir davon aus, dass zwanzig Uhr gemeint sein musste. Wir beschlossen, die halbe Stunde bis zur versprochenen Uhrzeit zu warten. Punkt zwanzig Uhr wurde mein rechter Arm ganz schwer und warm, und ich wusste ganz genau: Jetzt ist es da! Und es war da. Die Sitzung konnte beginnen.

Wir stellten alle möglichen persönlichen Fragen, die wir uns vorher aufgeschrieben hatten, Fragen, die uns sehr am Herzen lagen. Interessant war, dass die Buchstaben, welche die Planchette anzeigte, manchmal überhaupt keinen Sinn ergaben und sich dann ganz plötzlich wieder zu ganz exakt buchstabierten Worten zusammenfügten. Ich war bis zu diesem Zeitpunkt der Meinung gewesen, das Ouija Brett basiere auf dem gleichen Prinzip wie beispielsweise die Tarot-Karten: Ich frage und bekomme eine Antwort. Doch jetzt wurde ich eines Besseren belehrt. Offenbar zog das Ouija Brett unterschiedliche Persönlichkeiten aus der jenseitigen Welt an. Manche antworteten unmissverständlich und deutlich, während andere die Planchette ohne erkennbaren Sinn über das Brett führten. Dann waren aneinander gereihte Buchstaben nicht zu enträtseln und selbst mit Abkürzungen und Kommas war nichts zu machen. Die Arbeit mit dem Ouija Brett, das wurde mir klar, war nicht mit einem geordneten Kartenlegen zu vergleichen. Der Kontakt, der über dieses Medium zustande kam, war wesentlich persönlicher und willkürlicher. Aus diesem ersten Versuch habe ich die Lehre gezogen, dass Geduld ebenso zu einer Sitzung mit dem Ouija Brett gehört wie Unvoreingenommenheit und die Bereitschaft, die Dinge auf sich zukommen zu lassen.

Die Fragen, die mich nach meinem ersten Versuch sofort beschäftigten, waren: »Mit wem setzt man sich über das Ouija Brett in Verbindung? Wer antwortet? Wie funktioniert das Ouija Brett, und warum funktioniert es? Kann es jeder benutzen, oder muss man spezielle hellseherische Fähigkeiten haben? Gibt es eine Möglichkeit, die eigene Intuition zu steigern? Was ist dran an den Stimmen, die vor dem Ouija Brett warnen? Darf man diese Warnungen einfach ignorieren? Muss man sich schützen, wenn man mit dem Brett arbeitet, und wenn ja, vor wem?«

Dieses Buch möchte Ihnen einige Antworten auf diese Fragen geben und das Für und Wider im Umgang mit dem Ouija Brett abwägen, damit Sie sich selbst eine Meinung bilden können. Außerdem erhalten Sie eine umfassende Anleitung für die praktische Arbeit mit dem Ouija Brett und erfahren, worauf Sie achten sollten, wenn Sie gut und erfolgreich mit dem Ouija Brett arbeiten möchten.

Zur Einstimmung zitiere ich die Antwort, die ein geistiges Wesen während einer Sitzung im Jahre 2002 durch das Ouija Brett gegeben hat:

Frage: *»Wie seht ihr uns«?*
Antwort: *»Ihr seid Rufer, wir hoeren und sprechen aus!«*

Kontakt mit dem Jenseits

Solange wir zurückdenken können, hat der Mensch den Wunsch gehabt, sich mit »Geistern« oder einer Welt jenseits dieser sichtbaren, materiellen Welt in Verbindung zu setzen. Menschen haben immer geahnt und gefühlt, dass es mehr gibt als das, was sie mit ihren fünf Sinnen erfahren können. Vor langer, langer Zeit empfand sich der Mensch als Teil der Natur und bezog sein gesamtes Wissen und all seine Kraft aus diesem Gefühl der Einheit mit allem, was lebt. Während einige Stammeskulturen, wie beispielsweise die Aborigines in Australien, noch um die Einheit zwischen Mensch und Natur wissen, haben wir »zivilisierten Menschen« längst vergessen, wie es ist, mit der Natur in Einklang zu sein. Und doch ist eine Sehnsucht geblieben, der Wunsch, mehr wissen zu wollen und mehr zu erfahren als uns eine noch so ausgefeilte Technologie bieten kann. Doch leider haben wir unsere natürlichen intuitiven Fähigkeiten im Laufe der Jahrhunderte entweder geleugnet oder ganz tief in unserem Unterbewusstsein vergraben.

Bereits in den frühesten menschlichen Gemeinschaften gab es Menschen, denen man besondere Fähigkeiten zuschrieb. Sie waren in der Lage, mehr zu sehen, mehr zu hören und mehr zu fühlen als alle anderen, und galten daher als die auserwählten Mittler zwischen den Menschen und der geistigen Welt. Nur sie allein durften es wagen, sich mit den unbekannten Mächten des Universums einzulassen und als ihr Sprachrohr zu dienen: die Stimme des Orakels.

Das berühmteste der uns überlieferten antiken Orakel ist das Orakel von Delphi im Tempel des Apollo. Pythia, das Medium der Götter, gab den Rat Suchenden Antworten in Versform, die allerdings nie eindeutig waren. Krösus, dem König von Lydien, wurde gesagt, er werde in der bevorstehenden Schlacht ein Weltreich zerstören. Nach der Schlacht stellte sich heraus, dass damit sein eigenes Reich gemeint gewesen war. Er hatte das Orakel vorschnell interpretiert und vergessen zu fragen, welches Reich zerstört werden würde. Botschaften aus dem Jenseits waren also schon damals nicht eindeutig, und daran hat sich bis heute nichts geändert.

Im Mittelalter wurden Menschen mit besonderen intuitiven Fähigkeiten ebenso bewundert wie gefürchtet, vor allem, wenn sie ihre Fähigkeiten außerhalb der akzeptierten Grenzen zu nutzen wagten. Diese Menschen waren fast immer gesellschaftliche Außenseiter. Ihre Dienste wurden zwar gern in Anspruch genommen, aber andererseits wurden sie gerade wegen ihres Wissens immer wieder bestraft, sei es durch Hexenverbrennungen oder durch Ächtung. Der mittelalterliche Mensch hatte ein sehr zwiespältiges, von Angst geprägtes Verhältnis zu den unsichtbaren Wesen aus dem Jenseits. Diese Furcht vor einer Kontaktaufnahme mit Wesen aus der geistigen Welt wurde von der Kirche im wahrsten Sinne des Wortes geschürt. Die Angst vor den Feuern der Inquisition, aber auch der Aberglaube veranlasste die Menschen, ihre intuitiven Fähigkeiten zu verleugnen. Jahrhunderte lang war unter dem Einfluss der christlichen Kirchen jeder Versuch, Verbindung mit der geistigen Welt aufzunehmen, verboten und wurde so rigoros geahndet, dass uns die Angst davor noch heute verfolgt. Dennoch gab es auch in dieser Zeit große Seher und Seherinnen, die allerdings nicht nur sehr mutig, sondern auch sehr vorsichtig sein mussten, wenn sie nicht mit der kirchlichen oder weltlichen Obrigkeit in Konflikt geraten wollten. Hildegard von Bingen, eine Nonne und sehr kluge Frau, hatte ihr Leben lang Visionen. Sie hatte insofern Glück, als sie vom Abt des Klosters Disibodenberg darin bestärkt wurde, ihre Visionen niederzuschreiben; die sie von Gott kommend bezeichnete. Nostradamus, ebenfalls ein großer Seher seiner Zeit, musste seine Visionen in schwer zu entschlüsselnde Verse »verpacken«, um sie vor der Obrigkeit zu verbergen.

Der unvoreingenommene Umgang mit unseren intuitiven Fähigkeiten und damit auch ein ganz wesentlicher Teil unseres Selbst wurde mehr und mehr durch Aberglaube, Vorurteile und Furcht ersetzt. Und doch konnte keine Macht der Welt die Menschen davon abbringen, mehr über diese unsichtbare Welt wissen zu wollen.

In den letzten beiden Jahrhunderten wurde der moderne Mensch darüber hinaus aufgefordert, nur noch an das zu glauben, was wissenschaftlich bewiesen werden kann. Die geistige Welt ist nicht zu beweisen, jedenfalls nicht mit den vorgegebenen wissenschaftlichen Methoden. Ich sehe immer wieder Fernsehsendungen zu esoterischen Themen, in denen man Menschen, die zum Beispiel als Medien arbeiten oder sich auf andere Weise mit der geistigen Welt in Verbindung setzen, zwar zu Wort kommen lässt, doch nicht ohne den »Wissenschaftler«, der jede Aussage, die sie machen, sofort widerlegt. Das Problem ist nur: Auch der Wissenschafter kann seine Behauptung, ein Kontakt mit der geistigen Welt sei unmöglich, nicht beweisen.

In den USA wird mit diesem Thema anders umgegangen, wie ich selbst erlebt habe. James van Praagh, ein anerkanntes amerikanisches Medium und regelmäßiger Gast in Larry Kings Fernsehshow bei CNN, erzählt Menschen, die während der Sendung über Telefon mit ihm sprechen, etwas über ihre verstorbenen Angehörigen. Meist können die Anrufer etwas mit dem Gesagten anfangen und bestätigen seine Aussage. Einem Anrufer sagte er, er sähe etwas mit einem Revolver und er höre, es täte dieser Seele Leid. Der Anrufer berichtete, dass sich sein Vater erschossen habe, und war völlig aufgelöst. Menschen, die solche Fähigkeiten besitzen, gibt es auch in Deutschland, doch ist es für sie wesentlich schwieriger, ein verständnisvolles Forum zu finden. In Amerika lässt man Menschen mit einer solchen Begabung eher für sich sprechen und erlaubt damit auch dem Zuschauer, sich eine eigene Meinung zu bilden.

Vielleicht hat diese generelle Offenheit dazu beigetragen, dass das Ouija Brett um 1900 ausgerechnet in Amerika offiziell entdeckt, patentiert und kurz darauf der Verkaufsschlager schlechthin wurde. Die New York Tribune schrieb am 24. Dezember 1919: »Das mysteriöse sprechende Orakel hat die Bibel und das Gebetbuch in den Studentenbuden und Gemeinschaftshäusern abgelöst.«

Was war geschehen? Während des Ersten Weltkriegs hatte man angefangen, das Ouija Brett zu befragen, wie es Familienangehörigen, Verwandten und Freunden an der Front erginge. Die Antworten waren aufschlussreich und korrekt. Ähnliches geschah während des Zweiten Weltkriegs, im Koreakrieg und während des Vietnamkriegs. In allen Fällen hat sich das Ouija Brett als zuverlässige Informationsquelle bewährt.

Auch in Deutschland haben wir in den letzten Jahren einen Boom im esoterischen Bereich erlebt. Menschen aus allen sozialen Schichten suchen nach Antworten auf Fragen zum Sinn ihres Lebens, nach Antworten auf die eigenen Niederlagen und Schwierigkeiten. Vor allem aber suchen sie einen besseren, sinnvolleren Weg für sich selbst. Man hat längst wieder erkannt, dass es mehr geben muss als die materielle, sichtbare Welt und die Jagd nach Geld. Geld ist zwar notwendig, kann aber letztendlich keine wirkliche Zufriedenheit geben. Wenn sie das erst einmal erkannt haben, wandern viele von einem Seminar zum nächsten, immer auf der Suche nach neuen Wegen für ihr Leben und nach Antworten auf die Frage: Wie finde ich Erfüllung in diesem Leben?

Es ist interessant, dass heute, in unserem neuen Millennium ausgerechnet Spielfilme, die mit Hexen, Wahrsagern und Magie zu tun haben, die größten Kassenschlager sind. Das rasant angewachsene Interesse an allem, was magisch ist, symbolisiert meiner Ansicht nach die Sehnsucht der Menschen, nach all den Jahren der seelischen Kälte wieder mehr Magie, mehr Wissen über die andere Welt in ihr Leben zu bringen und damit mehr Sinn.

Es gibt viele verschiedene Wege, sich mit der geistigen Welt oder dem eigenen inneren Selbst in Verbindung zu setzen. Noch heute sind wir fasziniert von den Fähigkeiten der Schamanen, den Medizinmänner in Afrika oder den »heiligen Männern« in Indien. Dies alles sind Menschen, die sich die Fähigkeit angeeignet haben, mehr zu sehen, mehr zu hören und mehr zu fühlen als nur diese eine sichtbare Welt. Doch wir sind alle in der Lage, mehr zu sehen, mehr zu hören und mehr zu fühlen, und für den, der sich über seine eigenen Vorurteile hinwegsetzen kann, ist das Ouija Brett ein hervorragendes Instrument, damit zu beginnen. Sei es, um mehr über sein eigenes inneres Selbst zu erfahren, um unbekannten Persönlichkeiten zu begegnen oder um mit verstorbenen Familienmitgliedern Kontakt aufzunehmen. Das Ouija Brett kann auch genutzt werden, um mehr Klarheit über die eigenen Lebensumstände zu bekommen und zu erfahren, wo sie hinführen. Man kann aber auch einfach Fragen zu Themen stellen, die einen selbst interessieren, berühren oder bedrücken.

Wie sieht ein Ouija Brett aus?

Ouija Bretter oder Hexenbretter, wie sie auch genannt werden, gibt es in vielfältigen Ausführungen. Ich persönlich ziehe die Bezeichnung »magisches Brett« dem Begriff Hexenbrett vor, denn die Kontaktaufnahme mit einer unsichtbaren Welt hat durchaus etwas Magisches im Sinne von etwas Ungewöhnlichem. Man muss jedoch keine Hexe und kein Magier sein, um eine Sitzung mit dem Ouija Brett abhalten zu können. Man muss noch nicht einmal außergewöhnliche Fähigkeiten haben.

Doch wie sieht ein Ouija Brett aus? Die Abbildung auf Seite 23 zeigt das Ouija Brett, das auch auf dem Cover dieses Buches abgebildet ist: ein rechteckiges Brett aus dickem Karton, beschrieben mit den Buchstaben des Alphabets, den Zahlen von 1 bis 0, einzelnen Worten wie »Ja« und »Nein«, »Ende«, »Warum«, »Ich gehe« und »Warte« und verziert mit Sonne und Mond. Im Design dieses Ouija Brettes wird seine Funktion bereits sehr deutlich. Es ist ein Tor zu jener anderen Welt, die wir uns manchmal als »hinter den Wolken« oder »hinter den Nebeln« liegend vorstellen.

Im Allgemeinen ist ein Ouija Brett rechteckig wie dieses und misst 50 mal 40 Zentimeter. Wenn es aus Holz gemacht wird, wird das Brett gründlich geschliffen, um eine glatte und gleitfähige Oberfläche zu garantieren. Dann wird es entweder von Hand beschrieben und bemalt oder bedruckt. Anschließend wird es in mehreren Schichten lackiert, geschliffen, noch einmal lackiert und schließlich auf Hoch-

JA
NEIN
A B C D E F G H I J K L M O
P Q R S T U V W X Y Z
? 1 2 3 4 5 6 7 8 9 0 !
WARUM
ICH GEHE
WARTE
ENDE

glanz poliert. Dies gibt dem Brett eine hohe Gleitfähigkeit. Fast immer sind mehrere dünne Holzschichten übereinander verklebt, was das Brett sehr stabil macht.

Die Buchstaben stehen zwar fast immer in alphabetischer Reihenfolge auf dem Ouija Brett, aber das ist nicht zwingend notwendig, wie das Beispiel auf Seite 181 zeigt. Die Wesen aus der anderen Welt, mit denen wir über das Brett Kontakt aufnehmen, finden die richtigen Buchstaben auch so. Unter den Buchstaben stehen die Zahlen von 1 bis 0. Die Worte »Ja«, »Nein« und »Ende« finden sich meist am oberen und / oder unteren Rand des Brettes. Auf manchen Brettern finden sich zusätzliche Bemerkungen wie »Verstehe die Frage nicht«, »Bitte warten«, »Unzulässige Frage«, »Weiß ich nicht«, »Warum«, »Ich gehe« und »Danke«. Sie sind hilfreich und können die Kommunikation beschleunigen.

Neben den rechteckigen Ouija Brettern gibt es auch runde, auf denen die Buchstaben und Zahlen im Kreis angeordnet sind und die Worte »Ja«, »Nein« und »Ende« in der Mitte des Brettes stehen. Manche Bretter sind mit astrologischen Symbolen verziert, auf anderen finden sich Engel, auf wieder anderen keltische Symbole, Halloween-Motive, Herzen und Blumen oder sogar ganz moderne Graffitis. Der Fantasie sind hier keine Grenzen gesetzt.

Das erste offizielle Ouija Brett, das Parker Brothers jahrelang mit sehr viel Erfolg in Amerika und anderen englisch sprechenden Ländern verkaufte, war aus festem, mit glattem, gleitfähigem Papier überzogenen Pappkarton und wurde mit einer Plastikplanchette als Zeiger geliefert. Davon gibt es heute nur noch eine, dem alten Ouija Brett sehr ähnliche Version. Sie ist allerdings etwas kleiner und leuchtet im Dunklen.

Zu jedem Ouija Brett gehört eine Planchette, das Instrument, auf welches die Teilnehmer während einer Sitzung

ihre Finger legen und das sich bei Kontaktaufnahme mit einem geistigen Wesen auf dem Ouija Brett bewegt und Buchstaben oder Zahlen anzeigt. Auch Planchetten gibt es in vielen unterschiedlichen Ausführungen. Sie können kreisrund mit einem Loch in der Mitte sein, wie die oben abgebildete Version. Das Loch umschließt den Buchstaben, der jeweils gemeint ist. Oder sie sind wie ein Pfeil geformt, das heißt, sie haben eine Spitze, die auf den Buchstaben zeigt. Viele Planchetten sind wie ein Herz geformt, mit einer Spitze, die den jeweiligen Buchstaben anzeigen kann, und zusätzlich mit einem kreisrunden Loch. Bei dieser Ausführung muss man sich vorher entscheiden, welche Anzeige gültig sein soll, wobei eine mentale Entscheidung genügt. Die meisten Planchetten sind aus Holz oder festem Acryl mit einer Filzunterlage, damit sie leicht und leise über das Brett gleiten.

Das wichtigste Entscheidungskriterium beim Kauf eines Ouija Brettes ist die Übersichtlichkeit. Man muss die Buchstaben gut lesen können, und wenn astrologische oder andere Symbole mit einbezogen sind, sollten sie so verständlich sein, dass man nicht ständig rätseln muss, was wohl gemeint ist.

Eine Sitzung mit dem Ouija Brett in der Praxis

Bei einer Sitzung mit dem Ouija Brett geht es in erster Linie darum, sich mit einem geistigen Wesen oder einem Verstorbenen in Verbindung zu setzen, je nachdem, welches Ziel man sich selbst gesetzt hat. Hier einige Vorschläge zur Gestaltung und Durchführung einer solchen Sitzung, die Sie ganz an Ihre individuellen Wünsche und Bedürfnisse anpassen können.

Das Umfeld

Achten Sie unbedingt darauf, dass die Sitzung in einem ruhigen Umfeld stattfindet. Unterbrechungen stören die Konzentration und erschweren die Kontaktaufnahme. Suchen Sie sich einen Platz, an dem Sie sich wohl fühlen. Lassen Sie sich dabei von Ihrem Gefühl beziehungsweise von Ihrem Instinkt leiten. In meiner Wohnung gibt es bestimmte Plätze, an denen ich mit meinem Ouija Brett arbeiten kann, während andere gefühlsmäßig nicht dafür in Frage kommen. Dafür gibt es keine rationale Erklärung. Ich weiß lediglich, dass dieses Gefühl stimmt. Es ist durchaus möglich, dass dies etwas mit Energiefeldern zu tun hat und dass Ihr Gefühl ein entsprechendes Energiefeld ausfindig macht. Ein gutes Energiefeld macht es jedenfalls einfacher, eine Verbindung zur geistigen Welt aufzubauen und zu halten. Lassen Sie sich deshalb mehr von Ihrem Gefühl und weniger von Ihrem rationalen Verstand leiten. Da auch die Sitzung mit dem Ouija Brett selbst nicht über den rationalen Verstand zu erklären ist, sondern etwas mit dem Gespür zu tun hat, mit dem Zulassen, wird Sie Ihr Gefühl für den richtigen Ort nicht in die Irre leiten.

Stellen Sie das Telefon ab oder so weit weg, dass Sie es nicht mehr hören können. Schließen Sie auch alle weiteren Störfaktoren aus. Kann ungebetener Besuch kommen? Vielleicht schneit der Nachbar oder die Nachbarin gern unangemeldet herein. Sind die Kinder im Bett und schlafen? Jede Störung unterbricht die Konzentration und damit vielleicht auch einen guten Kontakt.

Eine erfolgreiche Ouija Brett-Sitzung muss nicht in einem verdunkelten Raum abgehalten werden. Schummriges Licht erhöht nicht unbedingt die Konzentration, weckt aber möglicherweise in dem einen oder anderen Teilnehmer die Furcht vor dem Unbekannten. Für den Kontakt mit der anderen Welt spielt es keine Rolle, ob es hell oder dunkel ist. Wenn ein geistiges Wesen Kontakt mit Ihnen aufnehmen möchte, wird es dies auch in einem hellen Raum tun. Die besten Ergebnisse mit einem Ouija Brett habe ich am Nachmittag bei hellstem Sonnenschein auf meinem Balkon erzielt. Es ist also, wie schon erwähnt, eher wichtig, dass Sie den energetisch richtigen Ort in Ihrer Wohnung finden, der Ihnen die Kontaktaufnahme erleichtert.

Wenn Sie möchten, können Sie während der Sitzung leise Meditationsmusik laufen lassen. Das erhöht die Konzentration der Teilnehmer und bringt Ruhe in die Runde. Fragen Sie die Teilnehmer jedoch, ob die Musik erwünscht ist. Es kann nämlich auch sein, dass die Musik genau den gegenteiligen Effekt hat. Wenn einer in der Runde ständig darüber nachdenkt, dass er die Musik nicht mag, wird er sich nicht ganz auf seine Aufgabe konzentrieren, was die Konzentration aller stört. Leise abgespielte klassische Musik sorgt auch für eine ruhige Atmosphäre und gibt der Sitzung eine gewisse Normalität.

Kerzen sind ein sehr beliebtes Requisit bei Ouija Brett-Sitzungen. Sie sind stimmungsvoll und sorgen für eine schöne, entspannte Atmosphäre. Kerzen können zu jeder Tageszeit angezündet werden, nicht nur am Abend. Viele, die mit dem Ouija Brett arbeiten, sind der Meinung, man müsse sich vor bösen Geistern schützen, die man während einer solchen Sitzung eventuell herbeiruft. Weiße Kerzen bieten angeblich den idealen Schutz. Ob Sie nun daran glauben oder nicht, Kerzenlicht ist immer ein stimmungsvoller Begleiter, unabhängig von der Farbe.

Meiner Erfahrung nach sind weniger Requisiten jedoch eindeutig mehr. Man kann sich dann auf das Wesentliche konzentrieren und muss nicht darüber nachdenken, ob die Kerzen abgebrannt sind, eine neue CD eingelegt werden soll, das Räucherstäbchen erneuert werden muss oder der Duft doch eher unangenehm ist. Das oberste Gebot: Sorgen Sie für eine ungestörte, entspannte Umgebung.

Die Anzahl der Teilnehmer

Mehr als zwei Personen

Meistens nehmen mehr als zwei Personen an einer Sitzung teil. Ich bin jedoch der Ansicht, dass sechs Personen das Maximum sein sollten. Je mehr Personen beteiligt sind, desto schwieriger ist es, sich zu konzentrieren und die Fragestellung im Griff zu behalten. Stellen Sie sich vor, Sie sitzen um einen Tisch und haben bereits einen Kontakt hergestellt. Die Planchette fängt also an, Nachrichten zu buchstabieren. Sind alle Teilnehmer damit einverstanden oder wird der eine oder andere ungeduldig? Vielleicht will ein Teilnehmer unbedingt eine persönliche Frage stellen, die ihm sehr wichtig ist, und hat nun Angst, dass er nicht mehr dazu kommt. Ein anderer will Kontakt mit einer verstorbenen Person aufnehmen, muss sich aber gedulden. Die Nachricht, die durchkommt, entspricht auch nicht dem, was die meisten hören wollen. Das könnte sich zu einer sehr unbefriedigenden Sitzung entwickeln, von der am Ende keiner etwas hat. Legen Sie also, wenn Sie mit mehreren Personen arbeiten, vorher fest, in welche Richtung die Sitzung gehen soll; was zu tun ist, wenn unerwartete Nachrichten durchkommen, und in welchem Fall die Sitzung sofort abgebrochen wird. Erkundigen Sie sich, welche persönliche Einstellung jeder einzelne Teilnehmer zu einer Kontaktaufnahme hat. Denn wie »normal« man das Umfeld für eine Sitzung auch gestalten mag, ungewöhnlich ist der Versuch, sich mit geistigen Wesen in Verbindung zu setzen, in jedem Fall. Wenn zu viele Teilnehmer Angst haben, sollten Sie die Sitzung nicht durchführen. Ängste multiplizieren sich und ziehen entsprechende geistige Wesen an. Stellen Sie also sicher, dass Sie sich unter Gleichgesinnten befinden und dass alle Teilnehmer der Sitzung offen gegenüberstehen. Wenn eine Nachricht durchkommt, die einen oder alle Teilnehmer erschreckt, unterbrechen Sie die Sitzung sofort!

Auf eines möchte ich in diesem Zusammenhang aufmerksam machen: Es besteht immer die Möglichkeit, dass einzelne Teilnehmer während der Sitzung ihre persönlichen Ziele verfolgen, ohne es den anderen mitzuteilen. Solche Personen lenken ihre ganze Aufmerksamkeit auf ihr eigenes Vorhaben, meist um sich selbst zu beweisen, dass sie mental stark sind und jede Verbindung aufnehmen können. Wenn ein Teilnehmer insgeheim eine so starke Konzentration ins Spiel bringt, kann es sein, dass ein Kontakt völlig unmöglich wird oder dass sich eine Verbindung aufbaut, die nicht im Sinne der anderen Teilnehmer ist. Wenn also in einem Kreis von mehr als zwei Personen gar kein Kontakt zustande kommt oder nur ein sprunghafter mit ständig wechselnden geistigen Wesen, sollten Sie die Sitzung unterbrechen und noch einmal in aller Ruhe darüber reden, was jeder Teilnehmer in diese Sitzung einbringt. Kennen Sie alle Teilnehmer persönlich? Bevor Sie jemanden an einer Sitzung teilnehmen lassen oder bevor Sie selbst an einer Sitzung teilnehmen, sollten Sie sich grundsätzlich mit allen Ihnen noch unbekannten Personen unterhalten und dann entscheiden, ob Sie gemeinsam mit ihnen an einer Sitzung teilnehmen möchten oder nicht.

In diesem Gespräch sollte offen diskutiert werden, was sich jeder einzelne von der Sitzung erhofft. Dann kann man, zumindest ansatzweise, festlegen, für wen man zuerst einen Kontakt, beispielsweise mit einer verstorbenen Person, herstellen möchte. Es ist also ganz im Sinne einer möglichst erfolgreichen Sitzung, die eigenen Vorstellungen ehrlich zu äußern. Das bedeutet natürlich nicht, dass der erhoffte Kontakt auch wirklich zustande kommt, aber wenn sich die ganze Gruppe gemeinsam auf eine abgesprochene Sache konzentriert, stehen die Chancen ziemlich gut, dass sie auch erfolgreich ist. Natürlich darf man bei all dem nie den eigenen »Willen« der geistigen Wesen außer Acht lassen, die man zu erreichen sucht.

Wenn Sie eine Sitzung leiten, an der mehrere Personen teilnehmen, vermitteln Sie eine positive innere Haltung. Wenn Sie selbst Teilnehmer sind, versuchen Sie entspannt und klar zu sein und Ihre alltäglichen Gedanken möglichst weit weg zu schieben. Das erfordert Übung. Vielleicht stellen Sie sich vor, dass Sie all Ihre Gedanken in einen Koffer packen und diesen vorläufig in einem Gepäckfach deponieren, wo Sie ihn später wieder abholen können. Das kann Ihren Kopf für die Ouija Brett-Sitzung frei machen, vor allem, wenn Sie noch nicht sehr viel Erfahrung haben. Überreden Sie niemanden, »nur mal aus Spaß« an einer Sitzung teilzunehmen, und nehmen Sie auch selbst nicht teil, wenn Sie kein gutes Gefühl haben. Jede Ouija Brett-Sitzung sollte mit dem nötigen Respekt begonnen werden. Sie erwarten schließlich auch, dass die geistigen Wesen, die Sie rufen, respektvoll mit Ihnen umgehen.

Zwei Personen

Zwei Personen sind die ideale Besetzung für eine Ouija Brett-Sitzung. Man kann sich vorher abstimmen, was man in einer Sitzung erreichen will, wie viel Zeit man konzentriert verstreichen lässt, wenn die Kontaktaufnahme sehr lange dauert, und wie man vorgehen wird, wenn etwas Unerwartetes geschieht. Zum Beispiel: Statt auf Fragen zu antworten, buchstabiert das geistige Wesen Wörter, die keiner Frage zuzuordnen sind. Macht man nun weiter und schreibt auf, was kommt, oder bricht man ab? Besteht man darauf, ein geistiges Wesen zu finden, das die eigenen Fragen beantwortet, oder ist man auch zufrieden, wenn ungefragte Botschaften buchstabiert werden, von denen man nie weiß, wie sie enden. Dass diese ungefragten Botschaften sehr interessant sein können, beweist das Protokoll einer Ouija Brett-Sitzung vom Mai 2002:

> *»Ich und folgende Helferkanäle immer den Weg zum anderen Universum bereitstellen! Der Weg ist durch diese geöffnet, in den Wegen liegt der Zugang! Das Wesen bringt euch an die Information der anderen Ebene. Diese ist in und um euch! Die Ebene ist mit nichts vergleichbar! Teile davon sind eure Gedanken und die Worte der Wege und Kanäle. Es gibt dort nicht nur eine ein-*

zige Darstellung von bestimmten Aussagen. Es kommt immer auf den Verständnishorizont des Zuhörers an! Es werden Teile manchmal auch erst viel später verständlich! Teile gehören zum Ganzen. Wenn die Aussage komplett übermittelt ist, dann gibt es keine Zweifel an der Maxime und der Botschaft. Das war das Vorwort. Fragt.«

Frage: *»Was möchtest du uns noch sagen?«*

Antwort: *»Die Brett Botschaften sind nur für die Teilnehmer bestimmt, weil nur diese Energiefelder an der Channelung gezogen haben! Die anderen Hörer haben keine Energie in das direkte Ausformulieren gesteckt!!!«*

Diese Antwort ist meiner Meinung nach unglaublich aufschlussreich. Sie erklärt uns, dass geistige Wesen oder deren Energien immer um uns sind und uns auch ohne Worte verstehen. Sie bestätigt auch, dass man für nicht anwesende Personen keine Fragen stellen kann. Aus eigener Erfahrung weiß ich, dass die Antworten auf solche Fragen sehr allgemein und für den abwesenden Fragenden meist nicht besonders aufschlussreich sind. Man muss sich also schon selbst bemühen, wenn man für sich gültige Antworten erhalten will. Die Entscheidung, einen solchen Text »laufen« zu lassen, ist mit zwei Personen einfacher, schneller und unkomplizierter zu treffen als mit mehreren. Man darf nicht vergessen, dass nur Buchstabe für Buchstabe aufgeschrieben werden kann und der Text als Ganzes bis zum Ende nicht zu sehen ist. Bei zwei Personen muss nur einer mit dem Kopf nicken, um dem anderen seine Zustimmung mitzuteilen. Auch ist in einem so kleinen Rahmen eher die notwendige Ruhe und gemeinsame Zielsetzung vorhanden, die man für eine wirklich erfolgreiche Sitzung braucht.

Eine Person

Die allgemeine Meinung geht dahin, dass man das Ouija Brett auf gar keinen Fall allein befragen dürfe. Es müssten mindestens zwei Personen an einer Sitzung teilnehmen, sonst könne es gefährlich werden, weil die Gefahr bestehe, dass man ein sehr negatives geistiges Wesen allein nicht mehr los werde. Nun kommt es aber oft vor, dass man Fragen hat oder Erfahrung mit dem Ouija Brett sammeln möchte und einfach niemand da ist, der mitmachen will. Auch können die Fragen, die man stellen will, so privat sein, dass man sie nicht gern vor anderen ausbreiten möchte. Persönlich bin ich der Meinung, dass man auch ohne weiteres allein mit dem Ouija Brett arbeiten kann, solange man gewisse Regeln beachtet. Das Wichtigste ist eine vernünftige und offene innere Einstellung.

Ein guter Grund, warum man eine Sitzung nicht allein machen sollte, ist die mögliche Unsicherheit darüber, ob man die Planchette nach einer Frage selbst bewegt oder ob ein geistiges Wesen sie mitbewegt. Wenn man allein ist, hat man oft Schwierigkeiten, die Planchette von sich aus über das Brett laufen zu lassen und sie nicht unbewusst zu manipulieren, weil man bereits zu wissen glaubt, welches Wort gemeint ist. Man muss also mehr Disziplin aufbringen, um die Planchette nicht in die selbst gewünschte Richtung zu schieben. An anderer Stelle in diesem Buch werde ich noch darauf eingehen, dass man sich über das Ouija Brett auch mit dem eigenen Unterbewusstsein unterhalten kann und dass ein Kontakt mit der geistigen Welt nicht immer Ziel einer Ouija Brett-Sitzung sein muss.

Der Aufbau einer Verbindung mit einem geistigen Wesen erfordert jedoch die Bereitschaft, die Planchette »laufen« zu lassen, und zwar so, wie sie will, und nicht, wie man meint, sie soll. Das heißt, man muss bei einer Sitzung, die man allein durchführt, jeden Gedanken daran, wie das Wort heißen könnte oder wo die Planchette wohl als nächstes hingeht, beiseite schieben, und das ist eine echte Herausforderung.

Sie könnten sich zum Beispiel vorstellen, dass Sie ein Telefonat mit einem Ihnen unbekannten Teilnehmer führen und deshalb nicht im Voraus wissen können, wie das Gespräch verlaufen wird. Die Planchette ist das Medium, das die Verbindung zwischen dem unbekannten Teilnehmer und Ihnen herstellt und das Gespräch sichtbar macht, indem es für diesen Teilnehmer die Worte buchstabiert. Sie müssen also abwarten, was geschrieben wird.

In einer Ouija Brett-Sitzung mit mehreren Teilnehmern ist das natürlich ungleich einfacher. Man weiß von vornherein, dass man sich in einer Gemeinschaft der Sache unterordnen und die Kontrolle aufgeben muss. Bei Sitzungen, in denen ich allein war, habe ich oft die Erfahrung gemacht, dass ich nicht genau wusste, ob eine Nachricht aus der geistigen Welt kam oder ob ich sie manipuliert hatte. Dies ist ein sehr berechtigter Zweifel, selbst dann, wenn man sich mit den besten Vorsätzen ans Werk gemacht hat. Allein ist es sehr viel schwieriger, die Konzentration aufrechtzuerhalten und nicht gedanklich abzuschweifen. Ich bekam zwar Hilfe in Form von »Nachhilfestunden« aus der geistigen Welt. Ich wusste auch, dass ein Kontakt zustande gekommen war, aber unbewusst wollte oder konnte ich die Kontrolle nicht abgeben. Dann begann die Planchette, einen Buchstaben nach dem anderen zu diktieren, aber sie machten allesamt keinen Sinn. Nach einer Weile wusste ich nicht mehr, wohin sich die Planchette bewegen würde, während ich vorher immer schon bevor sich die Planchette auf einen Buchstaben zu bewegte, gewusst hatte, welcher Buchstabe es sein würde. Ich musste mich entscheiden. Sollte ich aufhören oder weitermachen? Ich machte weiter, und sobald ich die Kontrolle aufgegeben hatte, kamen zusammenhängende Nachricht durch. Doch in dem Moment, in dem sich mein Kopf wieder einschaltete, empfing ich erneut eine unzusammenhängende Buchstabenreihe. Das ging so lange, bis ich wieder einfach nur mit den Fingern der Planchette folgte, und wiederholte sich einige Male. So ein Prozess ist anfangs natürlich höchst mühsam, aber allmählich lernt man loszulassen und dem Kontakt, den man aufgebaut hat, »seinen« Willen zu lassen, denn das ist schließlich der Grund, warum man eine Sitzung mit dem Ouija Brett macht. In meinem Fall baute sich auf diese Weise nach und nach das Vertrauen auf, dass eine Nachricht durchkommen würde, auch wenn die Buchstaben anfangs keinen Sinn ergaben. Ich lernte loszulassen und hörte auf, schon von vornherein ein Urteil darüber zu fällen, wie das nächste Wort und die ganze Nachricht lauten würde. Aus dem bisher Gesagten dürfte klar hervorgehen, dass eine Sitzung, die jemand allein macht, mehr Zeit und tiefere Entspannung erfordert. Leider sind wir alle nicht daran gewöhnt, Dinge einfach geschehen zu lassen. Doch genau diese Fähigkeit ist gefragt, wenn eine Ouija Brett-Sitzung, die man allein unternimmt, erfolgreich sein soll.

Zu bedenken ist auch, dass man als einziger Teilnehmer auch der einzige Energiespender ist – und der einzige Protokollführer. Eine Dame, die das Ouija Brett sehr häufig benutzt, erzählte mir, sie habe sich beigebracht, mit der linken Hand zu schreiben, während sich ihre rechte Hand mit der Planchette über das Ouija Brett bewegt. Das setzt natürlich voraus, dass die Energie hauptsächlich durch die rechte Hand kommt, was bei einigen Menschen der Fall sein mag. Meiner eigenen Erfahrung nach spielt es keine Rolle, ob man die Planchette mit der linken oder mit der rechten Hand führt. Sobald eine gute Verbindung aufgebaut ist, kann man sie auch mit der linken Hand auf der Planchette fortführen, während die rechte Hand schreibt. Manche benutzen auch ein Diktiergerät mit Voicerecorder. Das bedeutet, dass sich das Tonband einschaltet, sobald gesprochen wird. Allerdings nehmen die meisten Diktiergeräte einen nur kurz angesagten Buchstaben schlecht auf, und es besteht die Gefahr, dass Buchstaben verloren gehen, wenn sie so aufgezeichnet werden. Man kann aber auch ohne weiteres anhalten und die Hand von der Planchette nehmen, um ein buchstabiertes Wort aufzuschreiben. Dabei lässt man die linke Hand auf dem Brett liegen, um den Kontakt aufrechtzuerhalten. In den meisten Fällen geht es dann ganz leicht weiter, denn der Kontakt wurde nicht unterbrochen. Besser ist es allerdings, jeden einzelnen Buchstaben sofort mitzuschreiben, da man nicht sicher sein kann, dass die angezeigten Buchstaben am Ende einen Sinn ergeben. Eine andere Möglichkeit besteht im Einsatz eines Laptop, in den man die angezeigten Buchstaben mit der linken Hand gleich eintippt. Das setzt allerdings voraus, dass man mit der Anordnung der Buchstaben auf der Tastatur so gut vertraut ist, das man nicht versehentlich die falschen Buchstaben eingibt.

Der folgende Dialog stammt aus einer Sitzung vom August 2002.

Frage: *»Kann man auch allein über das Ouija Brett Kontakt aufnehmen?«*

Antwort: *»Wenn der Wille reicht und man auch mal mit sich selbst reden möchte, ist es möglich. Es ist denn auch möglich, dass auch eigene Gedanken einfließen. Zwei sollten es mindestens sein. Das Ergebnis ist dann über mehr als zwei Hände und mehr als eine Antenne gefunden. Nun fragt!«*

Ich kann diese Aussage bestätigen, denn es ist sehr schwierig, die eigenen Gedanken nicht einfließen zu lassen. Man könnte natürlich argumentieren, dass man ja nicht denken muss, sondern einfach nur mitschreiben. Das ist zwar richtig, doch sollte man seinen eigenen Willen bei all dem nicht unterschätzen. Man kann die Hand nicht einfach über das Brett gleiten lassen, ohne hinzusehen. Wie will man sonst wissen, was buchstabiert wird. Also muss man voll bei der Sache sein und die Buchstaben mit dem Verstand verfolgen und aufschreiben. Es ist selbstverständlich, dass man sich, schon wenn ein Wort halb buchstabiert ist, vorstellt, wie es am Ende heißen wird. Dies nicht zu tun, ist die Kunst.

Schutz vor negativen Energien

Die folgenden Ratschläge für den Schutz während einer Sitzung kommen aus ganz unterschiedlichen Richtungen.

1. Geweihte Schutzzeichen während einer Sitzung, beispielsweise ein Kreuz oder ein anderes religiöses Symbol, sollen negative Energien abhalten.
2. Man stellt sich vor, dass man von einem Schutzmantel aus Licht umgeben ist oder die eigene Aura reinigt, beispielsweise mit einem silbernen oder goldenen Regen.
3. Man stellt sich den eigenen Körper ganz mit weißem Licht angefüllt vor und dehnt diese Vorstellung aus, bis das Licht den ganzen Raum erfüllt.
4. Kristalle gelten ebenfalls als gute Beschützer. Der schwarze Turmalin soll beispielsweise einen Überschuss an Energie aufnehmen, wenn er regelmäßig unter fließend warmem Wasser entladen und nachts in die Erde gesteckt wird. Es heißt, er wirke dann wie ein Blitzableiter auf negative Energien.

5. Man ruft seine Schutzgeister an und bittet sie, niedrige Wesen fern zu halten und nur die Energien zuzulassen, die gute Absichten haben. Die Theorie ist, dass erdgebundene, »niedrige« Wesen deshalb sehr negativ sind, weil sie noch nicht im Reich der Seelen angekommen sind.
6. Man ruft die Engel Gottes an, damit sie die Teilnehmer vor Gefahren aus der anderen Welt bewahren.
7. Der Abstand zwischen den Teilnehmern soll genau gleich sein, damit die Energie gleichmäßig fließen kann.
8. Mindestens zwei weiße Kerzen und/oder Weihrauch sollen negative Energien fern halten.

Es ist hoffentlich selbstverständlich, dass man eine Sitzung nicht an einem Ort abhält, der den Teilnehmern Unbehagen bereitet oder gar Furcht einjagt. Auch sollte es außer Frage stehen, dass in einer emotionsgeladenen Atmosphäre, zum Beispiel nach einem heftigen Streit, keine Sitzung stattfindet. Die Verbindung, die wir über das Ouija Brett mit den geistigen Wesen aufnehmen, basiert auf dem Austausch von Energien. Daher sollten die Energien aller teilnehmenden Personen möglichst ausgeglichen sein.

Persönlich sehe ich das Thema »Schutz gegen böse Geister oder negative Energien« eher skeptisch. Meiner Meinung nach steht uns die geistige Welt eher neutral gegenüber, und was die »bösen Geister« angeht, so denke ich, dass wir sie mit unseren Gedanken und Gefühlen selbst erschaffen. Sie sind die Geschöpfe unserer negativen Einstellung. Eine positive Einstellung und das Wissen um die Tatsache, dass uns nichts Böses widerfahren kann, sollte meiner Ansicht nach Schutz genug sein. Die in Zusammenhang mit dem Ouija Brett oft geäußerten Warnungen, wie gefährlich es sei und wie gut man sich schützen müsse, um diese Gefahr abzuwenden, schüren eher die Angst vor der geistigen Welt und wirken dann wie eine sich selbst erfüllende Prophezeiung.

In einer Sitzung mit drei Teilnehmern, die im September 2002 stattfand, haben wir das Ouija Brett zu diesem Thema befragt:

Frage: »*Muss man bei einer Ouija Brett-Sitzung Angst haben?*«

Antwort: »*Wenn man Angst mit einbringt, kann sich das verstärken, weil nur durch Verstärkung eine Nachricht durchkommt. Das potenziert sich. Achtung! Wir sind nicht böse oder wollen Angst und Schrecken verbreiten. Die Angst, die aufs Brett kommt, wird verstärkt, weil Angst eine starke Energie ist.*«

Hier ergibt sich für mich die Frage: Wenn wir uns mit christlichen Symbolen schützen sollen, was passiert dann, wenn eine Person im Kreis einer anderen Religion oder gar keiner Religion angehört? Welcher Gott oder welche Gottheit soll dann angerufen werden, welche Schutzengel? Sind Schutzgeister, die man anruft, dann für die neutralen Personen zuständig? Wissen wir wirklich, ob ein »böses geistiges Wesen« auf einen bestimmten Kristall reagiert und dieser Kristall deshalb den Kreis der Teilnehmer schützt? Zu denken gibt mir, dass es für Energie, die geistige Wesen nun einmal geworden sind, keine wirklichen Barrieren geben kann. Auch angeschaltetes Licht erfüllt jeden Winkel eines Raums, aber man kann dieses Licht ausschalten, genauso wie man negative Einflüsse gedanklich ausschalten beziehungsweise ablehnen kann. Dies ist meiner Ansicht nach der vernünftigste Weg, um sich gegen mögliche ungebetene Begegnungen zu schützen.

Allerdings, wenn Teilnehmer an einer Sitzung Rituale brauchen, vielleicht um sich einzustimmen oder innere Spannungen zu lösen, oder weil es für sie einfach dazu gehört, ist es sicherlich nicht verkehrt, sich mit jeglichem Ritual zu umgeben, das man zu benötigen meint.

Einstimmen

Wie stimmt man sich am besten auf eine Ouija Brett-Sitzung ein? Es kommt darauf an, ob Sie die Sitzung in einem Kreis von Freunden, zu zweit oder allein durchführen wollen. In jedem Fall ist innere Ruhe die wichtigste Voraussetzung für eine erfolgreiche Sitzung. Gehen Sie unbefangen und mit nicht zu großen Erwartungen in eine solche Sitzung. Lassen Sie die Dinge auf sich zukommen. Eine offene innere Einstellung wird Ihre Energien fließen lassen und führt Sie sicher zu größerem Erfolg als eine strikte, eng begrenzte Erwartungshaltung. Zum Einstimmen gehört, dass man sich ganz von eigenen Gedanken frei macht, während man mit den Fingern auf der Planchette auf einen Kontakt wartet. Die ganze Aufmerksamkeit und alle inneren Anstrengungen sind auf ein Ziel gerichtet, nämlich genügend Energie freizusetzen, um mit einem geistigen Wesen in Kontakt zu kommen. Man lässt alle eigenen Gedanken und Vorstellungen los, um die Botschaft eines anderen Wesens zu empfangen, von der man einfach noch nicht weiß, wie sie aussehen wird.

Wenn Sie eine Sitzung im Kreis von mehreren Personen durchführen, wäre es ratsam, vorher herauszufinden, ob ein Teilnehmer eine Frage hat, die er oder sie unbedingt stellen möchte. Sprechen Sie ab, wie Sie praktisch vorgehen möchten und wer Protokoll führt. Wird derjenige, der Protokoll führt, auch die Hand auf der Planchette haben oder nur auf dem Brett, um so seine Energie einbringen und ebenfalls Fragen stellen zu können? Achten Sie darauf, dass der Tisch nicht zu hoch ist, damit die Arme der Teilnehmer nicht weh tun, wenn sie lange auf eine Kontaktaufnahme warten müssen. Auch sollte der Tisch nicht zu groß sein, damit jeder Teilnehmer die Planchette leicht und bequem erreichen kann.

Wenn Sie in einer Gruppe arbeiten, legen alle Teilnehmer drei Fingerspitzen ganz locker auf die Planchette. Dann stellt ein Teilnehmer die erste Frage: »Will jemand mit uns sprechen?«

Wenn Sie zu zweit sind, setzen Sie sich Ihrem Partner so gegenüber, dass Sie beide die Finger bequem auf die Planchette legen können. Entscheiden Sie vorher, wer Protokoll führt und wie das Protokoll geführt werden soll: ob Sie jeden Buchstaben einzeln aufschreiben oder nur ganze Wörter; ob Sie die Hand von der Planchette nehmen und damit schreiben oder ob Sie die eine Hand auf der Planchette liegen lassen und mit der anderen gleich mitschreiben, was die Planchette buchstabiert. Das erfordert ein wenig Übung.

Die Verbindung reißt übrigens nicht ab, wenn Sie aussetzten, um eine Nachricht aufzuschreiben. Wenn Sie unsicher sind, legen Sie die linke Hand auf das Brett, während Sie schreiben und Ihr Partner seine Hand auf der Planchette lässt.

Wenn Sie die Sitzung allein machen, denken Sie vorher über Ihre Fragen nach. Formulieren Sie die Fragen möglichst klar und schreiben Sie sie auf. Stellen Sie sich darauf ein, dass eine Kontaktaufnahme länger dauern kann, weil die Energie nur von Ihnen kommt. Beschäftigen Sie sich eine Weile mit dem Thema und mit den Erwartungen, die Sie an die Sitzung haben, bevor Sie beginnen. Dann kann die geistige Welt die richtige Kontaktperson für Sie finden.

Im Juli 2002 gab das Ouija Brett folgende Antwort auf die Frage »*Bekannte arbeiten mit dem Ouija Brett allein, was meinst du dazu?*«:

> »*Wenn sie mit dem Ergebnis zufrieden sind. Der Erfolg muss sich am Ganzen messen lassen. Nicht*

jedes Ergebnis ist für alle gleich wichtig! Eure empfangene Botschaft ist für andere nicht voll gültig.«

Die Sitzung

Das Ouija Brett liegt in der Mitte des Tisches, und die Fingerspitzen aller Teilnehmer liegen ganz leicht auf der Planchette. Die Planchette ist das wichtigste Werkzeug bei einer Ouija Brett-Sitzung. Ohne sie geht nichts. Durch die gemeinsam erzeugte Energie aller Teilnehmer ist es einem geistigen Wesen möglich, die Planchette in eine bestimmte Richtung zu bewegen. Damit die Energie fließen kann, müssen die Teilnehmer über ihre Fingerspitzen, wenn möglich über die Fingerspitzen beider Hände, mit der Planchette in Kontakt sein. Wenn mehrere Personen an einer Sitzung teilnehmen, sollte die Planchette möglichst groß sein. Ideal wäre zum Beispiel eine acht mal acht Zentimeter große Planchette mit einer Dicke von einem halben Zentimeter und einem Loch in der Mitte, durch das der jeweilige Buchstabe angezeigt wird. Mit einer Planchette von dieser Größe ist es praktisch unmöglich, Nachrichten zu manipulieren, da sie, solange sie in Bewegung ist, immer mehrere Buchstaben verdeckt und man nicht sehen kann, auf welchem Buchstaben sie stehen bleiben wird. Wichtig ist, dass die Planchette leicht über die Oberfläche des Ouija Brettes gleiten kann.

Alle Teilnehmer sollen die Ellbogen auf dem Tisch aufstützen können, da die Arme im Verlauf einer Sitzung oft sehr schwer werden. Der Teilnehmer, der vorher dazu bestimmt wurde, fängt nun an, Fragen zu stellen. Die Formulierung dieser Fragen bleibt dem Fragenden beziehungsweise der Gruppe überlassen. Der Einstieg kann sehr prosaisch sein, zum Beispiel: »Ist jemand da, der mit uns sprechen will?« oder »Gibt es jemanden, der mit uns sprechen möchte?« Das ist genauso effektiv wie eine lange Einleitung, in der vielleicht noch um Schutz für die teilnehmenden Personen gebeten wird, die man dann alle namentlich nennt. Man kann natürlich auch von Anfang an deutlich sagen, dass beispielsweise Brigitte mit ihrer verstorbenen Mutter sprechen möchte, und fragen, ob das möglich ist. Ein Kontakt kann aber auch ganz ohne Anrufung zustande kommen, nur indem sich jeder Teilnehmer im Stillen konzentriert und darauf wartet.

Wenn sich die Planchette auf Ja bewegt, ist der Kontakt da. Fragen Sie das Wesen, das sich da gemeldet hat, nach seinem Namen. Wenn Sie die Antwort erhalten haben, fragen Sie nach dem Beruf, den er oder sie im weltlichen Leben ausgeübt hat. Fragen Sie, wo und in welchem Jahr er oder sie gelebt hat. Es ist, als unterhielten Sie sich mit einem Fremden, denn auch da tauschen Sie zunächst allgemeine Höflichkeiten aus. Dann fragen Sie, ob Sie jetzt die Themen ansprechen können, die Ihnen wichtig sind. Wenn sich die Planchette erneut auf das Ja bewegt, stellen Sie Ihre Fragen.

Die Antworten, die Sie über das Ouija Brett bekommen, sind oft kurz und knapp. Es ist daher ratsam, mit einem Fragenkatalog zu arbeiten. Sobald eine Frage beantwortet ist, kommt in vielen Fällen die Aufforderung: »Fragt!« Wenn man dann nicht mehr weiter weiß, kann es sein, dass ein guter Kontakt abbricht.

Wenn man schon längere Zeit mit dem Ouija Brett gearbeitet hat, besteht sehr wahrscheinlich bereits ein »fester« Kontakt zu einem geistigen Wesen. Dann braucht man nicht mehr durch das ganze höfliche Ritual zu gehen, sondern kann sofort in die Sitzung einsteigen und seine Fragen stellen. Es kann sogar sein, dass das kontaktierte geistige Wesen seine eigenen Nachrichten buchstabiert, bevor man überhaupt eine Frage gestellt hat. Im Laufe der Zeit wird sich jedenfalls eine gewisse Routine einstellen.

Die Planchette kann sich sowohl sehr langsam als auch sehr schnell von Buchstabe zu Buchstabe bewegen. Manchmal bewegt sie sich nach jedem Buchstaben in die Mitte des Ouija Brettes zurück. Es kann aber auch sein, dass sie ohne Pause von Buchstabe zu Buchstabe wandert. Daher sollte der Protokollführer das Ouija Brett gut im Blick haben, oder einer der Teilnehmer spricht jeden Buchstaben laut aus, um sicherzustellen, dass alles richtig aufgeschrieben wird. Achten Sie auch auf die Interpunktion. Die Planchette bewegt sich nicht nur auf Buchstaben oder Zahlen, sondern auch auf Komma, Punkt, Ausrufe- und Fragezeichen, so diese auf dem Ouija Brett verzeichnet sind.

Im September 2002 fragten wir ein geistiges Wesen, mit dem wir schon seit längerem in Kontakt sind:

»Wie funktioniert die Verbindung mit der geistigen Welt über das Ouija Brett?«

Antwort: *»Denkt an mich, dann bekommt ihr, was ihr versteht. Man kann Hilfe bekommen, aber es kommt auf die Einstellung an. Es bringt Frieden und Verdruss, wenn man diese Mittel nur zum Zeitvertreib nimmt! Es ist kein Spielzeug. Gewiss werden auch Freuden verbreitet! Es ist kein Fernsehen! Dafür sorgt Sony!«*

An dieser Antwort finde ich einerseits bemerkenswert, dass dieses Wesen wie viele Bewohner der geistigen Welt einen gewissen Sinn für Humor hat, und dass es andererseits davor warnt, das Ouija Brett nur zum Zeitvertreib zu nutzen.

Um einen so schönen Kontakt herzustellen, bedarf es der Zeit und viel Geduld. Man muss üben, probieren und lernen. Sie werden anfangs wahrscheinlich eher eine Vielzahl verschiedener, mehr oder weniger auskunftsfreudiger geistiger Wesen treffen, bis es zu einem permanenten und sehr persönlichen Kontakt kommt. Ein solcher persönlicher Kontakt ist aber nicht Voraussetzung, um mit dem Ouija Brett zu arbeiten.

Die Planchette

Die Planchette ist das wichtigste Werkzeug bei einer Ouija Brett-Sitzung. Ohne sie ist nichts möglich. Durch die gemeinsam erzeugte Energie aller Teilnehmer kann ein geistiges Wesen dieser Planchette Richtung geben. Wichtig ist, dass die Planchette leicht und ohne störende Geräusche über die Oberfläche des Ouija Brettes gleiten kann.

Fragen und Antworten

Wenn die Arbeit mit dem Brett kein reiner Zeitvertreib sein soll, stellt sich natürlich die Frage nach den Fragen, die man an das Brett stellen darf.

Fangfragen wie »Wie viel Geld ist in meinem Geldbeutel?«, »Wie lautet meine Autonummer?« oder ähnliche sollten auf keinen Fall gestellt werden. Geistige Wesen hören unsere Gedanken, auch wenn wir das vielleicht nicht wahrhaben wollen. Sie wissen, wann wir sie auf die Probe stellen wollen, und reagieren selten auf entsprechende Fragen. Wenn ein Mitglied der Gruppe auf solche Fragen besteht, sollte man die Sitzung abbrechen. Man muss zwar nicht alles glauben, was über das Ouija Brett buchstabiert wird, aber man sollte sich erst nach der Sitzung entscheiden, ob man den Aussagen Glauben schenkt oder nicht. Wenn die Fragen die Zukunft betrafen, wird sich ohnehin im Laufe der Zeit herausstellen, ob die Antworten richtig waren oder nicht.

Man sollte sich stets bewusst sein, dass die Interessen der

geistigen Wesen eher auf die Weiterentwicklung der Persönlichkeit ausgerichtet sind als auf unsere alltäglichen Sorgen und Nöte. Dennoch gibt es sehr nette geistige Wesen, die auf genau diese Sorgen und Wünsche eingehen und gute Antworten geben.

Antworten auf Fragen nach der Zukunft fallen allerdings meist sehr dürftig aus oder kommen erst gar nicht. Man sollte auch sehr skeptisch sein, wenn eine Nachricht besagt, dass man in so und so viel Monaten oder Jahren dies und das tun wird. Die Zukunft ist einfach deshalb immer in der Schwebe, weil wir sie selbst gestalten. Jede Aussage über die Zukunft, die wir durch das Ouija Brett bekommen, betrifft also nur eine von vielen Möglichkeiten für die Zukunft und nicht etwas, das geschehen muss. Im August 2002 befragten wir das Ouija Brett zu diesem Thema.

Frage: *»Darf man Fragen über die Zukunft stellen?«*
Antwort: *»Es gibt keine konkrete Zukunft. Eine Antwort ist relativ und greift bereits in die Zukunft ein!«*

Dies sollte man sich vor Augen halten, wenn man eine Aussage über die eigene Zukunft bekommt, vor allem, wenn sie erschreckend ist. Wenn man unbedingt wissen möchte, wie die eigene Zukunft aussieht, sollte man dringend darüber nachdenken, warum man die Gestaltung der eigenen Zukunft und damit des eigenen Lebens so aus der Hand geben will. Die eigene Zukunft gestaltet sich in jedem Moment, und wie das vor sich geht, bestimmt man in einem gewissen Rahmen selbst. Das Ouija Brett kann Ihnen, genau wie die Karten oder die Astrologie, eine mögliche Zukunft aufzeigen, doch wie Sie dahin gelangen, liegt ganz bei Ihnen. Fragen Sie also nicht: »Wo werde ich in zwei Jahren sein?«, sondern eher »Wie bin ich erfolgreich?« oder »Wie finde ich eine neue Arbeitsstelle?« oder »Was kann ich tun, um glücklicher zu werden.« Solche Fragen haben etwas mit der eigenen Weiterentwicklung zu tun und sind meist aufschluss- und hilfreicher. Ein Beispiel:

Frage: *»Ich möchte mich mit meiner Arbeit effizienter organisieren?«*
Antwort: *»Fühle dich effektiver, dann fallen dir auch effektivere Wege ein, und zwar dann, wenn du sie brauchst!«*

Natürlich können Sie auch Fragen stellen, die Ihren Alltag betreffen. Wenn Sie zum Beispiel umziehen müssen, können Sie fragen: »Werde ich eine schöne oder günstige Wohnung finden werden, wo und wann?« Oder: »Finde ich einen neuen Freund / eine neue Freundin?« Oder: »Ernähre ich mich richtig?« Oder: »Was wäre besser für mich? Warum?« Oder: »Schaffe ich meine Prüfung? Wenn nein, warum nicht?« Einfach all die Fragen, die Sie täglich beschäftigen. Nach einiger Zeit werden Sie allerdings feststellen, dass solche Themen gar nicht mehr so wichtig sind und dass Sie nach und nach ganz andere Themen über das Ouija Brett diskutieren. Unterziehen Sie alle Antworten, die Sie bekommen, einer kritischen Prüfung. Kein Wesen aus der geistigen Welt wird von uns erwarten, dass wir alles, was es sagt, für die absolute Wahrheit halten. Es gibt keine absolute Wahrheit und auch die Antworten, die durch das Ouija Brett kommen, können immer nur Vorschläge sein.

Sie können das Ouija Brett auch zu Personen befragen, die nicht anwesend sind. Diese Art von Fragen bildete sogar die Grundlage für den großen Erfolg des Ouija Brettes. Im Ersten Weltkrieg hatten die Angehörigen von Soldaten es benutzt, um herauszufinden, wie es ihren Lieben an der Front erging. Wenn Sie zum Beispiel wissen wollen, wie es einem Verwandten im Urlaub geht und ob er oder sie heil zurückkehrt, ist das Ouija Brett eine gute Anlaufstelle. Ein Bekannter von mir war im Urlaub in Australien, und wir wollten wissen, ob sein Rückflug gut verlaufen würde.

Frage: *»Kommt Werner in Frankfurt gut an?«*
Antwort: *»Wenn er rechtzeitig losgeht!«*

Für mich hieß dies, dass es keine Probleme mit dem Flug geben würde, was dann auch der Fall war. Es hat sich auch herausgestellt, dass Werner den Flug beinahe verpasst hätte, weil eine unvorhergesehene Baustelle den Weg zum Flughafen teilweise blockierte. Ich fand diese Antwort absolut faszinierend, weil sie ohne viele Worte genau das ausgedrückt hat, was an diesem Flug wichtig war.

Ein anderes Beispiel zu demselben Thema: Ich habe mich nach einer Person erkundigt, die nicht anwesend war.

Frage: *»Wie geht es meiner Freundin Hannelore?«*
Antwort: *»In ihr ist viel Zweifel und sie sucht nach Erkenntnissen, die kommen altersbedingt immer öfter. Sie sucht im falschen Grund, in falscher Umgebung.«*

Auf zu persönliche Fragen über lebende Personen, die nicht anwesend sind, bekommt man in der Regel Antworten, die nicht in die Tiefe gehen. Ein wirklicher Kontakt mit der geistigen Welt wird nicht hergestellt, um »Klatsch und Tratsch« über abwesende Personen auszutauschen. Und wenn es doch vorkommt, dass das Ouija Brett intime Details über eine andere Personen »ausplaudert«, sollten Sie sich die Teilnehmer an dieser Sitzung genauer anschauen.

Bei der Fragestellung und im Umgang mit den Antworten sollte man folgende Punkte beachten:

1. Wenn mehrere Personen beteiligt sind, sollte nur eine die Fragen stellen.
2. Die Frage sollte so klar formuliert sein, dass keine Zweideutigkeiten möglich sind.
3. Fragen Sie nach dem Namen des Geistwesens, mit dem Sie in Kontakt sind, vielleicht auch nach seinen ehemaligen Lebensumständen.
4. Vermeiden Sie konkrete Fragen nach Ihrer eigenen Zukunft, zum Beispiel: »Wann gewinne ich im Lotto?« Ausnahmen bestätigen die Regel. Daher will ich nicht verschweigen, dass es den verbürgten Fall einer Amerikanerin gibt, die genau dies tat und mit den Zahlen, die sie über das Ouija Brett erfuhr, im Lotto gewann. Ihr Mann, der sich bis dato immer über ihre Beschäftigung mit dem Ouija Brett lustig gemacht hatte, änderte nach diesem Vorfall aus »unerklärlichen« Gründen seine Meinung.
5. Fragen nach der eigenen Zukunft sollten möglichst allgemein formuliert werden. Zum Bespiel:

   »Wie werde ich glücklicher?«

   »Was kann ich tun, um meine Partnerschaft zu verbessern?«

   »Gibt es eine Lösung für meine beruflichen Probleme? Was kann ich selbst dazu beitragen?«

Ein Beispiel aus einer Sitzung:

Frage: *»Kannst du mir eine Stärke nennen, die ich noch nicht nutze?«*

Antwort: *»Toll was ich noch hinkriege! Geduld ist vielleicht nicht deine Stärke! Male!«*

Experimentieren Sie mit Ihren Fragen.

6. Fragen Sie nach dem Befinden noch lebender Verwandter oder Bekannter.
7. Stellen Sie keine Fragen nach dem Eintreten von Krankheit oder Tod.
8. Die Antworten, die wir durch das Ouija Brett bekom-

men, sind immer so formuliert, dass sie vor allem für den Fragenden verständlich sind. Eine Antwort muss nicht von jedem Teilnehmer an einer Sitzung verstanden werden, um gültig zu sein. Im Mai 2002 war dies Thema einer Sitzung.

Frage: *»Nach welchen Richtlinien werden die Informationen, die wir bekommen, ausgewählt?«*

Antwort: *»Die Infos lauten dem Wortlaut nach nie gleich, weil jeder Empfänger einen anderen Verständnishorizont hat! Die Botschaft ist eindeutig, aber für jeden in Worte gefasst, die er auch versteht! So, noch eine Frage?«*

9. Wenn Sie öfter mit dem Ouija Brett arbeiten, kann es sein, dass Sie die Wörter, die Sie als Antwort bekommen, innerlich schon hören, bevor sie vollständig buchstabiert wurden. Sprechen Sie das jeweilige Wort dann laut aus und fragen Sie, ob es das richtige Wort ist. Das Brett wird Ihnen mit Ja oder Nein antworten. Diese Methode kann viel Zeit sparen, weil man nicht mehr auf jeden einzelnen Buchstaben warten muss. Allerdings sollte man sich hüten, Wörter aufzuschreiben, die man im Kopf gehört hat, ohne sie bestätigen zu lassen. Dann besteht nämlich die Gefahr, dass der eigene Wille die Regie übernimmt.

Lebenshilfe

Es gibt Zeiten, in denen man echte Schwierigkeiten mit seinem Partner, mit Kindern, Freunden oder Freundinnen hat und sich mit Fragen quält, die man weder selbst beantworten kann noch die Person, mit der man Probleme hat. Vielleicht ist die Situation so festgefahren, dass man selbst keine vernünftige Lösung mehr sieht.

Ratschläge, die durch das Ouija Brett gegeben werden, können in diesen Fällen, aber auch ganz allgemein eine wirkliche Lebenshilfe sein. Wenn man sich auf das Wesentliche im Leben besinnt und nach mehr Lebensqualität sucht, wird man immer öfter erkennen, dass die Ratschläge, die über das Ouija Brett kommen, verblüffend einfach, tiefsinnig und sehr hilfreich sein. Das geschieht meistens dann, wenn man schon länger mit einem geistigen Wesen Kontakt hat oder wenn der Kontakt sehr gut ist. Bekannte, die schon sehr lange mit dem Ouija Brett arbeiten und mir freundlicherweise Texte aus ihren Ouija Brett-Sitzungen für dieses Buch zur Verfügung gestellt haben, bitten hin und wieder um einen persönlichen Rat. Hier folgt eine kleine Auswahl dieser Ratschläge.

Frage: *»Bitte einen Satz für die kommende Woche.«*
Antwort: *»Helmut, die Wesen des Universums beschützen dich.*
Atina, du bist auf dem besten Weg. Du bist gut gegen dich! Will jetzt gehen.«
Frage: *»Bitte den Rat der Woche.«*
Antwort: *»Für Atina: Siege sind möglich, aber halte die Augen und Gefühle offen.*
Für Helmut: Denke und suche das Vollendete, das Unvorteilhafte kennst du bereits. Ade!«

Man sieht an diesen Protokollen, dass die Fragenden auch aufgefordert werden, sich über die Nachrichten Gedanken zu machen und dass nicht unbedingt die Teilnehmer bestimmen, wann eine Sitzung beendet ist, sondern sehr oft das geistige Wesen selbst.

Manchmal kommen Ratschläge aus der geistigen Welt

auch ganz spontan und ohne dass darum gebeten wurde. Die folgende Nachricht für einen Teilnehmer kam völlig unerwartet inmitten eines Diktats während einer Sitzung im September 2002:

> *»Es folgt eine Botschaft für W. Er ist sicher, dass es stimmt. Jeder gibt sein Bestes! Und traut euch. Das Ziel ist dort erst ein bisschen sichtbar. Mit aller Wucht geht der Keil immer entzwei! Das Federchen bringt hier und jetzt den gewünschten Erfolg.«*

Auf Nachfrage erzählte W., dass er im Moment große persönliche Probleme habe, die er gar nicht ansprechen wolle. Die Nachricht war auf sein Problem zugeschnitten und er verstand sie ganz genau. Ungefragte Nachrichten wie diese, die für den Empfänger relevant und hilfreich sind, weisen auf eine gute Verbindung mit einem geistigen Wesen hin, das sogar den seelischen Zustand der einzelnen Teilnehmer erspürt und gelegentlich darauf reagiert. Ein guter Kontakt mit einem Wesen, dem man vertrauen kann und mit dem man sich wohl fühlt, ist das Ziel einer jeden Sitzung. Ein solcher Kontakt entsteht nicht immer sofort, denn vielleicht wollen die geistigen Wesen zunächst erkunden, wohin eine Ouija Brett-Sitzung gehen soll, ob sie ernst gemeint ist oder ob die Teilnehmer nur oberflächliche Alltäglichkeiten im Sinn haben.

Zwei Texte, deren Inhalt meiner Meinung nach als »allgemeine Lebenshilfe« bezeichnet werden kann, möchte ich Ihnen nicht vorenthalten:

> *»Geht in euch. Dann tut. Ich helfe euch dabei. Kleiner als jeder Gedanke ist das Wollen! Von jedem unsteten Element wird eine klare Ent-*

scheidung zum Erfolg der Stabilität.« (aus einer Sitzung vom August 2002)

»Du musst lernen, nicht so ehrfürchtig zu sein gegen dein inneres Ich. Sei frech, laut, lache, schreie, verlange. Es wird sich fügen, weil es sieht, dass du es willst. Wollen ist der Schlüssel zum Erfolg, nur das Wollen.« (aus einer Sitzung vom September 2002)

Ich glaube, dass diese beiden Nachrichten deshalb für viele interessant sind, weil wir sehr leicht vergessen, dass wir etwas wirklich wollen müssen, um es zu erreichen. Jeder, der in seinem Leben etwas erreicht hat, wird dies bestätigen. Die oben zitierten Aussagen klingen vielleicht zu einfach, doch wenn man genauer darüber nachdenkt, stellt sich die Frage: »Wie oft hat man die eigenen Ziele nicht erreicht, weil man sie nicht wirklich erreichen wollte? Macht man vielleicht lieber die äußeren Umstände als die eigene Einstellung für seine Niederlagen verantwortlich?

In einer Sitzung im Mai 2002 kam ungefragt der folgende Text durch, der viele Fragen von Menschen beantwortet, die auf der Suche nach mehr Lebensqualität sind.

»Ich bin da! Ihr Lustwesen habt ihr mit euch Menschen die Lust eilfertig modifiziert! Elf Dinge jeder wissen sollte!

1. *Gut zu sein ist nicht genug!*
2. *Freude ist ein Gesundmacher!*
3. *Hilfe geben an die Natur bringt euch weiter!*
4. *Unser Geist kennt nichts Unmögliches!*
5. *Oben ist überall auch im Unten!*
6. *Fliegt in Gedanken oft durchs Universum, lasst dann die Erde zurück. Ihr seid Kinder des Universums. Die Erde engt manchmal den Geist ein!*

7. *Habt Freude, Freude und nochmals Freude. Sucht sie überall.*
8. *Unsere Hilfe ist euch gewiss!*
9. *Wünscht euch Lebensfreude und glaubt daran!*
10. *Sucht in allem den euch zugedachten Teil, alles hat mit dir zu tun, erkenne die Aufgabe für dich!*
11. *Ihr auf der Menschenebene seid in sehr vielem den anderen Ebenen ähnlich.*

Hier möchte ich erwähnen, dass ich sämtliche Texte unkorrigiert wiedergebe, so, wie sie diktiert wurden. Ich bin immer wieder erstaunt über das Verständnis und die Weisheit, die durch das Ouija Brett ihren Weg zu uns finden. Als letztes noch eine sehr praktische Anleitung zur Entspannung, die im September 2002 durchgegeben wurde:

»Des Wegs ich gehe des Ding ich sehe! Und immer ist Muse wichtig. Keine Aufgabe kann so wichtig sein, dass Muse fehlen darf! Von innen nach draußen, wenn Muse gewünscht wird, stellt sie sich auch ein! Traut dem Wunsch nach Muse, es ist keine Faulheit! Erhebungen sind auch Musen! Und kaum dazu gelernt in Entspannungstechnik! Toleranz ist ein Loslassen falscher Regeln, sie waren einmal zeitgemäß. Fragt!«

Frage: *»Welche Art von Entspannungstechnik empfiehlst du?«*

Antwort: *»Die Technik der Entspannung muss sofort wirken. Diese Anforderungen müsst ihr an Entspannung anlegen.«*

Frage: *»Was für eine Entspannungstechnik kannst du uns vorschlagen?«*

Antwort: *»Körperliches! Tut! Lasst Gefühle raus, und zwar ganz spontan ohne den Kopf.«*

Auch der Rat zur inneren Stimme ist ein Rat, den ich als Lebenshilfe bezeichnen würde. Diese Sitzung fand im Oktober 2002 statt:

»Folgt eurer inneren Stimme! Querverbindungen zu eurem Innerem sind manchmal sofort sichtbar und sie müssen einfühlsam und sehr wichtige Dinge im voraus kennzeichnen. Dadurch entsteht ein genaues Bild zu den Wahrnehmungen. Fragt nach Größerem.«

Frage: *»Wer oder was ist unsere innere Stimme?«*

Antwort: *»Gedanken, die von anderen Gedanken und Strömen von anderen Wesen durch euch zu neuem Sinn zusammengetan werden – zu neuem Sinn.«*

Frage: *»Ist die innere Stimme immer hörbar?«*

Antwort: *»Sind fühlbar – ihr könnt nur bereits Dagewesenes verstehen. Fragt.«*

Frage: *»Wie ist es möglich, seine innere Stimme besser zu verstehen?«*

Antwort: *»Genauer hinhören und mehr Infos sammeln – Infos über längere Zeit auswerten.«*

Erfolgschancen

Nicht jede Sitzung ist erfolgreich. Wenn man das erste Mal mit einem Ouija Brett arbeitet, kann es sein, dass zunächst gar nichts passiert. Ein Grund hierfür könnte sein, dass den Teilnehmern die Geduld ausgegangen ist oder dass versteckte Ängste eine Kontaktaufnahme verhindert haben. Andererseits dauert es in manchen Fällen bis zu einer Stunde, bis ein Kontakt zustande kommt, und das stellt die Teilnehmer auf eine harte Geduldsprobe, zumal es keine Garantie gibt, dass sich der Kontakt am Ende gelohnt hat.

Der Versuch einer Kontaktaufnahme durch das Ouja Brett ist mit dem ersten Besuch bei neuen Nachbarn vergleichbar. Manche möchten nur eine lose freundliche Beziehung, andere suchen Freundschaft und wieder andere wollen gar nichts mit Ihnen etwas zu tun zu haben. Von manchen bekommen Sie nur kurze, eher unwirsche Antworten, bevor sie Ihnen die Tür vor der Nase zuschlagen. Von anderen werden Sie hereingebeten und bekommen eine freundliche, zuvorkommende Auskunft. Wenn Sie an die Tür eines Nachbarn klopfen, den Sie nicht kennen, wissen Sie nie, wie Sie aufgenommen werden. Genauso ist es mit der Kontaktaufnahme durch das Ouija Brett. Es kann ohne weiteres sein, dass Ihnen niemand die Tür aufmachen will, wenn Sie anklopfen, vor allem, wenn Sie sich noch nicht lange mit dem Ouija Brett beschäftigen und in der »Nachbarschaft« sozusagen noch unbekannt sind. Dann sollten Sie die Fragen zunächst so stellen, dass das Wesen, mit dem Sie in Kontakt sind, nur mit Ja oder Nein antworten muss. Vielleicht bekommen Sie längere Zeit nur Buchstabensalat, der überhaupt keinen Sinn macht. Lassen Sie sich davon nicht entmutigen. Um einen guten Kontakt herzustellen, braucht man Zeit und viel Geduld, vor allem am Anfang. Sie werden vielen verschiedenen mehr oder weniger auskunftsfreudigen geistigen Wesen begegnen, bevor ein persönlicher Kontakt zustande kommt. Der folgende Text dokumentiert einen meiner ersten Kontaktversuche durch das Ouija Brett im Januar 1999.

Frage: »*Ich bitte um einen Kontakt.*«
Antwort: »*Versuche, die Verbindung ist gut. Frage.*«
Frage: »*Hast du schon einmal auf dieser Welt gelebt?*«
Antwort. »*Auf dem Berg Sinai.*«
Frage: »*Wann?*«
Antwort: »*Als noch Solomon Zeit war.*«
Frage: »*Was warst du da?*«

Antwort: *»ateuibtobae zaudern zaudern.«*
Frage: *»Warum zauderst du?«*
Antwort. *»attwotrow – Ende.«*

Dann brach der Kontakt ab, die Planchette ging auf das Wort »Ende« und fiel beinahe vom Brett. Wir waren ein wenig konsterniert, aber auch amüsiert. Ouija Brett-Sitzungen sind eben immer ein gewisses Abenteuer und nicht wirklich kontrollierbar, was die Nachrichten anbetrifft.

Wenn Sie möglichst viel Erfolg in Form von schönen und aufschlussreichen Texten haben möchten, sollten Sie die Ouija Brett-Sitzung immer auf einen bestimmten Tag legen und möglichst auch auf immer dieselbe Uhrzeit. Damit sorgt man für eine gewisse Kontinuität. Man lässt seinen »Nachbarn« wissen, dass man regelmäßig zu Besuch kommt und an einer ernsthaften Beziehung interessiert ist. Doch was ist mit den Menschen, die sofort Kontakt haben? Das sind, um in unserem Beispiel mit den Nachbarn zu bleiben, Menschen, die einfach einen guten Draht zu anderen haben. Es kommt aber auch vor, dass man nur eine Frage stellen will und überhaupt keine »Freundschaft« sucht. Dann finden sich geistige Wesen, die auf diese zwanglose Kontaktaufnahme reagieren und entsprechend antworten.

In der Arbeit mit dem Ouija Brett wird sich der Erfolg einstellen, wenn man über einen längeren Zeitraum übt, übt und übt. Wenn man es schließlich geschafft hat, einen guten Kontakt herzustellen, bekommt man auf so gut wie jede Frage eine Antwort, wie dieses Beispiel aus einer Sitzung vom August 2002 zeigt:

Frage: *»Welche Energien stecken in Huberts Schrank?«*
Antwort: *»Einen Brand hat er überstanden. Dann lange auf einem Speicher im Lagerhaus. Es ist ein Reiseschrank. Normales kennt er wenig.«*

Ich finde diese Antwort richtig schön und nicht zu übertreffen. Man stelle sich vor, was man auf diese Weise noch alles über Möbel und Pflanzen im eigenen Haus erfahren kann! Um solcher Nachrichten willen lohnt es sich unverdrossen weiterzumachen und Zeiten der Erfolglosigkeit als Erfahrung hinzunehmen. Man lernt immer, auch aus den Niederlagen, und sei es nur, dass man lernt, innerlich loszulassen.

Wenn eine Sitzung zu zweit erfolgreich sein soll, ist zu prüfen, ob beide die gleiche Vorstellung davon haben, welche Fragen zu stellen sind. In einer Ouija Brett-Sitzung werden zwangsläufig sehr persönliche Themen angesprochen, über die man sich vielleicht schon lange Gedanken gemacht hat und die man oft noch nie zuvor mit jemandem besprechen konnte. Nun hofft man, aus höherer Sicht Antworten auf diese persönlichen Fragen zu bekommen. Voraussetzung dafür ist natürlich, dass man der Person vertrauen kann, die einem am Ouija Brett gegenübersitzt. Wenn Sie während einer Sitzung starke Bedenken haben, Ihr Anliegen offen auszusprechen, oder Angst, dass die Antworten zu viel von Ihnen preisgeben könnten, ist die Sitzung sehr wahrscheinlich nicht von Erfolg gekrönt. Meist bleibt dann eine innere Unzufriedenheit zurück. Das gilt natürlich auch für Ihren Partner. Wenn Sie eine Sitzung abhalten, bei der sich nichts rührt oder nur sehr viel Unleserliches durchkommt, sollten Sie sich noch einmal über Ihre gemeinsamen Erwartungen unterhalten und wirklich ehrlich sein, was Ihre Vorbehalte betrifft. Es ist natürlich in Ordnung, Vorbehalte zu haben, aber wenn eine Ouija Brett-Sitzung erfolgreich sein soll, sollte man versuchen, sie abzulegen. Es ist wie beim Bungee Jumping. Man mag Vorbehalte haben, aber wenn man springen will, muss man es auch tun.

Wenn man eine Ouija Brett-Sitzung, die man allein durchgeführt hat, als erfolgreich ansieht, sollte man sich die durchgegebenen Texte zunächst sorgfältig durchlesen und sich dann fragen: »War das jetzt ein echter Kontakt mit einem Geistwesen oder habe ich mich selbst eingebracht?« Es ist sehr schwer, die Kontrolle für eine ganze Sitzung abzugeben und einfach alles zuzulassen, was durchkommt. Man ist sich vielleicht gar nicht bewusst, dass man die Planchette selbst gesteuert hat und die Antworten der eigenen Vorstellungskraft entsprungen sein könnten. Vorsicht ist immer dann geboten, wenn Antworten sehr dem eigenen Schreibstil entsprechen und in ihrem Wortlaut so ausfallen, wie man sich das vorgestellt hat. Um das zu verhindern, könnte man sich zum Beispiel während der Sitzung ein bisschen selbst beobachten und aufpassen, ob und wann der Kopf plötzlich mitschreibt.

Auch wenn Antworten immer wieder sehr negativ ausfallen, sollten die Beteiligten ihre eigene Einstellung zu der Ouija Brett-Sitzung oder zum Leben an sich unter die Lupe nehmen. Sehr negative oder gar bedrohliche Aussagen kommen meist aus dem Unterbewusstsein eines oder mehrerer Teilnehmer oder spiegeln dessen oder deren Sicht der Welt wider. Wenn zum Beispiel nach einer vergangenen Beziehung gefragt wird und die Antwort kommt, dass der Exmann oder die Exfrau der oder dem Betreffenden nach dem Leben trachtet oder getrachtet hat, würde ich das erstens ernsthaft hinterfragen und mir zweitens den Fragenden und seine allgemeine Einstellung einmal genauer ansehen. Wenn in den Durchgaben hauptsächlich von Unfällen, Krankheiten oder ähnlichem die Rede ist, kann man davon ausgehen, dass einer der Teilnehmer seine eigene negative Einstellung in die Sitzung eingebracht hat und der Kanal zur anderen Welt nicht wirklich geöffnet war. Meiner Erfahrung nach sind die Aussagen aus der anderen Welt grundsätzlich neutral und – mit wenigen Ausnahmen – immer liebevoll und informativ.

Die Texte, die in diesem Buch zitiert werden, belegen dies. Es handelt sich um Material, das aus den Protokollen sehr vieler Sitzungen ausgewählt wurde. Um solche flüssigen und guten Texte zu erhalten, war viel Geduld seitens der Teilnehmer erforderlich und einer erfolgreichen Sitzung waren meist viele weniger erfolgreiche Sitzungen vorausgegangenen.

Der Erfolg einer Sitzung kann auch daran gemessen werden, wie sich die Teilnehmer anschließend fühlen. Eine erfolgreiche Sitzung lässt die Teilnehmer mit sehr viel Energie und einem guten Gefühl zurück.

Wann ist die Sitzung zu Ende?

Vielleicht haben Sie vor Beginn der Sitzung eine Zeitspanne festgelegt, die Sie nicht überschreiten möchten, zum Beispiel: nicht länger als eine Stunde, wenn die Kerze abgebrannt ist und so weiter. Es kann aber auch sein, dass sich das geistige Wesen, mit dem Sie Kontakt aufgenommen haben, selbst verabschiedet und danach kein Kontakt mehr zustande kommt. Das muss nicht heißen, dass der Kontakt abrupt endet. Vielleicht sagt das geistige Wesen auch ganz klar, dass dies die letzte Frage ist, die es beantworten wird. Dann antwortet es und verabschiedet sich.

Wenn Sie selbst eine Sitzung beenden möchten, bedanken Sie sich bei dem Geistwesen, mit dem Sie in Kontakt waren, führen die Planchette zu dem Wort »Ende« und nehmen sie dann vom Brett. Damit haben Sie die Sitzung offiziell beendet.

Nach der Sitzung lesen Sie sich alle Wörter und alle Buchstaben, die Sie protokolliert haben, noch einmal genau durch. Wurden Abkürzungen benutzt, zum Beispiel »s« für »es«? Lesen Sie die Buchstaben laut, damit sich ihr Sinn eventuell auch über den Klang erschließen kann. Manche geistigen Wesen buchstabieren nur phonetisch. Meist sind die Nachrichten allerdings klar erkennbar und gut buchstabiert. Erstaunlicherweise ist auch die Rechtschreibung fast immer korrekt. Die Nachrichten, die über das Ouija Brett kommen, sind eben genauso individuell wie die geistigen Wesen, von denen sie stammen. Auch sie lassen sich nicht in ein Schema pressen, und manchmal ist besondere Spitzfindigkeit erforderlich, um sie zu entschlüsseln.

Welche Botschaften werden übermittelt?

Immer wieder werde ich gefragt: »Was sagen »die« denn eigentlich?« Wie Sie den bisher vorgestellten Texten entnehmen können, sind die Botschaften je nach Kontakt sehr unterschiedlich. Manche geistigen Wesen erzählen vom großen Universum, während sich einige wenige am liebsten selbst reden hören und keine wirklich relevanten Nachrichten durchgeben. Manche sind sehr lustig, während andere ausgesprochen fordernd sein können.

Die folgenden Botschaften beschäftigen sich mit unterschiedlichen Themen, aber sie sind meiner Meinung alle von so allgemeinem Interesse, dass ich sie Ihnen nicht vorenthalten möchte. Dies ist kein Buch über Nachrichten aus dem Universum, aber wenn man sich mit dem Ouija Brett beschäftigt, wird man solche Nachrichten bekommen. Da Außenstehenden nicht immer Einblick in die Protokolle echter Ouija Brett-Sitzungen gewährt wird, gebe ich diese Texte als Anregung weiter.

Ouija Brett-Sitzung im Juni 2002:

»Keiner geht zur Quelle ohne ein Gefäß dabei zu haben – das Wasser des Wissens darf nicht zu

Boden gehen – ein Tropfen genügt. Das Elixier nützt mehr als Wein! Wasser ist in uns. Deshalb spricht der Körper auf jede Form des Wassers an! Die Kraft ist im Wasser! Gib Wasser als Hauptenergie! Die Verbindung zum Urkörper läuft über das Wasser als Trägersubstanz! Gedanken sind ebenfalls Träger von Übermittlungen! Die großen Kulturen sind nicht an den Unlüsten der Schreibern gescheitert! (Frage: Unlüsten??) Ja. An mangelnder Urkommunikation! Ist das klar! Fragt!«

Frage: *»Menschen, die auf einer Insel leben, nehmen die diese Information des Wasser eher an?«*

Antwort: *»Das Wasser muss verinnerlicht werden. Es hat Informationen in sich! Der menschliche Körper verwendet diese Botenmittel am häufigsten! Fragt!«*

Frage: *»Ein Japaner hat festgestellt, dass Wasser Informationen speichert. Wie sollen wir mit dieser Information umgehen?«*

Antwort: *»In allen Bedarfsfällen und Not das Wasser hat Lösungsmittel in sich also trinkt! Feuer verstärkt! Suche also Infos im Wasser!«*

Ouija Brett-Sitzung im Februar 2002:

»Jeder hat große Gefühle. Götter haben Visionen. Habt in Wäschesäcken teure Halstücher und viel Unvollendetes gleich wie viel jeder zu tragen bereit ist und indisches. Hat jemand eine Frage?«

Frage: *»Was meinst du mit teuren Halstüchern?«*

Antwort: *»Tücher sind Symbole für Unvollkommenheit. Nun weiter und fragt!«*

Frage: *»Was heißt Wäschesäcke?«*

Antwort: *»Vorrat und Wunschraum.«*

Frage: *»Durch was schaffe ich viel mehr Freude am Leben?«*

Antwort: *»Öffne dich dem Schönen, dann wird dein inneres auch schön. Das weniger Schöne wird überdeckt. Das Schöne trägt, und Freude ist schön. Pflege den schönen Teil, der überstrahlt alles.«*

Frage: *»Was meinst du mit indischem?«*

Antwort: *»Von euch aus gesehen nach Osten. Dort ist Mann und Frau mehr gefühlsstark. Indien ist nicht gleich abgehoben. Tauscht euch aus! Singt miteinander und das Indische liegt mehr am Wegrand.«*

Ouija Brett-Sitzung im Januar 2002:

»Hört, ich tausche kein Wesensein gegen Leben ein. Ich lasse über euch leben auf eurer Ebene. Seid lebensfroh, so geht das Leben besser in eurer Seele. Seht den Schnee, er schwebt, fällt, liegt, geht und kommt in anderer Form und an anderer Stelle wieder! So könnte Leben sein, wer zulässt wird beständig sein toll! Redet einmal wie Schnee fällt! Und dann seht euch kämpfen einfacher machen! Fühlt in euch, dann spielt! Dann ist kämpfen nicht mehr notwendig.

Frage: *»Festhalten, das was wir haben?«*

Antwort: *»Aufbauen darauf.«*

Frage: *»Mit was können wir sie aufbauen?«*

Antwort: *»Ruft an den inneren Führer. Ade.«*

Ouija Brett-Sitzung im August 2002:

»Lustig legte Bruder Mentus den Schlüssel in den Brotkasten! Ihr sollt mehr lustig sein! Wonnevoll und lustvoll! Für vieles Unangenehme könnt ihr dadurch entschädigt werden! Werdet wie die Kin-

der! Und fühlt in eurem Inneren nach eurer Hauptstärke und nach allem, was euch Spaß und Lust bereitet! Ihr und jeder soll sich selbst am wichtigsten nehmen! Ist es euch wirklich ein so großes Bedürfnis zu erfahren, wann der erste Mensch auf dem Mond war? Welches eurer Grundbedürfnisse wird dadurch befriedig? Also! Dann fragt nach euren wirklichen Grundanliegen!«

Frage: *»Waren die Amerikaner auf dem Mond?«*

Antwort: *»Wärest du glücklicher, wenn es so wäre?«*

Frage: *»Aus vorherigem Text. Gilt in allen Wünschen uns beiden oder der Allgemeinheit?«*

Antwort: *»Ich spreche nur für euch beide, um die anderen kümmern sich andere aus meiner Zwischenwelt.«*

Muss man besonders begabt sein, um durch das Ouija Brett Kontakt aufzunehmen?

Es gibt Menschen mit ausgeprägten medialen Fähigkeiten, die ihr Leben lang Vorahnungen hatten oder Dinge gesehen und gehört haben, die der normale Erdenbürger nicht sehen oder hören kann. Solchen Menschen gelingt es leicht und mühelos, auch ohne große Konzentration, auf Empfang zu schalten wie bei einem Radio und Nachrichten aus der geistigen Welt entgegenzunehmen. Das ist eine seltene Fähigkeit und eine besondere Gabe, oft aber auch ein schweres Los für die Betroffenen.

Im Gegensatz dazu sind sich die meisten von uns nicht bewusst, dass sie über intuitive Fähigkeiten und ein verborgenes inneres Wissen um diese Welt verfügen. Im Gegenteil: Wir lernen meist schon sehr früh, dieses innere Wissen zu verleugnen, um uns nicht lächerlich zu machen. Wer Kindern genau zuhört, wird merken, dass sie dieses ureigene Wissen noch haben, jedenfalls bis man es ihnen als Unsinn ausgetrieben oder sie davon überzeugt hat, dass es die unsichtbare Welt nicht gibt.

Eine Sitzung mit dem Ouija Brett erfordert keine außergewöhnlich medialen Fähigkeiten, wohl aber eine gewisse Unbefangenheit. Die lange und intensive Beschäftigung mit dem Ouija Brett kann sehr wohl zur Folge haben, dass die natürlichen medialen Fähigkeiten, die wir alle haben und die wir gewöhnlich als Intuition bezeichnen, geschärft und sensibler werden. Das heißt nicht, dass Sie plötzlich in die Zukunft sehen können oder dass sich das ganze Leben eines Menschen vor Ihnen auftut, wenn Sie ihm die Hand schütteln. Und dennoch wird durch regelmäßige Teilnahme an Ouija Brett-Sitzungen Ihre Konzentrationsfähigkeit gesteigert und Sie reagieren unbewusst schneller und sensibler auf Botschaften aus der anderen Welt. Allerdings bestimmen Sie immer selbst, wie viel an Intuition Sie bei sich zulassen und inwieweit Sie sich auf die medialen Möglichkeiten der geistigen Welt einlassen möchten. Wenn Sie über das Ouija Brett nur persönliche Fragen zu ganz persönlichen Problemen stellen und den Kontakt mit der geistigen Welt von sich aus nicht vertiefen möchten, wird das Ihren Erfolg nicht schmälern. Die intuitiven Fähigkeiten, die wir in diese Welt mitgebracht haben, genügen, um über das Ouija Brett eine Verbindung zur unsichtbaren Welt herzustellen.

Würde man dafür besondere Fähigkeiten brauchen, dann hieße das ja, dass irgendjemand aus der geistigen Welt entscheidet, ob der oder die Fragende auch die nötigen medialen Voraussetzungen mitbringt, um einer Antwort würdig zu sein. Ich kann mir schwer vorstellen, dass es eine solche Einrichtung gibt. Die Energie, die wir durch unsere Konzentration produzieren, ist das Medium, das es einem geistigen Wesen ermöglicht, sich bemerkbar zu machen. Die geistige Welt ist überall, ohne eigene Form und ohne Anspruch auf eigenen Raum. Wenn wir also durch unsere Konzentration signalisieren, dass wir gern Kontakt aufnehmen würden, entscheidet sich das eine oder andere geistige Wesen, unserer Bitte Folge zu leisten. Abhängig davon, wie wir eingestellt sind, freundlich, fröhlich, positiv, depressiv, ängstlich oder herausfordernd, wird sich ein Wesen finden, das sich dieser Stimmung anpasst. Ein geistiges Wesen wird nicht von sich aus versuchen, uns zu verändern oder auf einen besseren Weg zu führen, es sei denn, wir bitten um Rat und Hilfe. Ansonsten verhält es sich neutral. Es wird uns aber im Kontakt zeigen, wes Geistes Kind wir selbst sind.

Die dunkle Seite des Ouija Bretts

Es gibt Stimmen, die behaupten, um ein Ouija Brett loszuwerden, müsse man es begraben und vorher möglichst noch mit geweihtem Wasser besprenkeln. Das finde ich gelinde gesagt etwas befremdlich. Dennoch muss man davon ausgehen, dass die negative Einstellung, die wir zu einer Sitzung mitbringen, eine Energie ist, die durch das Ouija Brett übertragen und potenziert wird und den Kontakt mit der geistigen Welt entsprechend beeinflusst.

Ein Bekannter erzählte mir kürzlich von einer Begebenheit, die sich vor einigen Jahren zugetragen hat. Eine Gruppe von Jugendlichen war auf einem Schulausflug und hatte ihre Zelte am Ufer eines Sees aufgeschlagen. Jemand hatte ein Ouija Brett dabei und so setzten sie sich nachts unter sternenklarem Himmel zu einer Sitzung um das Brett. Es war ein großer Spaß, als sich die Planchette bewegte und Antworten auf ihre Fragen buchstabiert wurden. Möglicherweise war auch etwas getrunken worden, aber das konnte mein Bekannter nicht bestätigen. Ganz plötzlich stand einer der Jugendlichen auf, ging ohne jede Erklärung in den See – und ertrank.

Darüber, ob die Sitzung etwas mit dem eigenartigen Verhalten dieses Jugendlichen zu tun hatte, kann natürlich nur spekuliert werden. Es ist sicherlich unheimlich, in einer sternklaren Nacht mit anzusehen, wie sich ein Zeiger über ein Brett bewegt und Wörter und Sätze buchstabiert, die ganz offensichtlich aus keiner irdischen Quelle kommen. In jemandem, der sich vor der unsichtbaren Welt fürchtet, kann dies Ängste hervorrufen, mit denen er nicht unbedingt umzugehen weiß, vor allem als Jugendlicher.

Ein Ouija Brett ist kein Spielzeug und gehört nicht in die Hände von Kindern – gerade weil sie sehr unbefangen damit umgehen und es ihnen vermutlich sehr viel leichter fällt, eine Verbindung zur geistigen Welt aufzubauen. In seinem Buch *Ouija The Most Dangerous Game* erzählt Stoker Hunt die Geschichte eines zwölfjährigen Mädchens, das im Beisein seiner Mutter mit dem Ouija Brett »spielt« und nach dem eigenen Todestag fragt. Das Ouija Brett antwortet: »Wenn du 13 wirst.« Wie die Mutter berichtete, veränderte sich das Kind im Laufe dieses einen Jahres immer mehr. An ihrem 13. Geburtstag erklärte sie laut, da sie nicht gestorben sei, habe sie das Ouija Brett wohl ausgetrickst. Am erstaunlichsten an dieser Geschichte finde ich die Tatsache, dass die Mutter das Kind mit einem Ouija Brett spielen lässt und dann auch noch erlaubt, dass es so eine Frage stellt. Angesichts dieser Antwort wäre wohl auch einem Erwachsenen angst und bange geworden.

Eine ähnliche Geschichte, die mir persönlich erzählt wurde, hat sich in einem Internat zugetragen. Auch hier fragten Schüler das Ouija Brett aus Spaß nach dem Todestag eines Teilnehmers und bekamen die Antwort: »In vierzehn Tagen.« Natürlich versetzte das alle in Angst und Schrecken und löste eine regelrechte Hysterie aus. Anschließend wurde die Verwendung des Ouija Bretts von der Leitung des Internats verboten.

Wie ich aus zuverlässiger Quelle erfahren habe, befassen sich in Amerika vor allem Jugendliche mit dem Ouija Brett. Das ist insofern bedenklich, als sie oft weder verstehen, mit wem oder was sie es zu tun haben, noch, dass sie mit ihrer inneren Haltung so genannte »Spaß- oder Foppgeister« anziehen, die bei leicht beeinflussbaren Menschen sehr viel

Schaden anrichten können. Voraussetzung für eine gute »Verbindung« mit der anderen Welt sind gute Absichten. Oder anders ausgedrückt: Wir ziehen aus der geistigen Welt immer das an, wonach wir fragen, und es ist schade, dass das Ouija Brett durch unerfahrene Benutzer derart in Verruf geraten ist.

Die Filmindustrie hat das Ihre zum negativen Ruf des Ouija Brettes beigetragen. In dem bekannten Horrorfilm »Der Exorzist« wurde ein Ouija Brett als Tür zur anderen Welt benutzt, was zur Folge hatte, dass die Tochter des Hauses vom Teufel besessen wurde. Diese Geschichte basiert auf einer wahren Begebenheit, über die am 20. August 1949 in der *Washington Post* berichtet wurde. Der Zeitungsbericht schildert, wie ein Priester einen Jungen durch Exorzismus aus den Klauen des Teufels befreite – allerdings erst, nachdem der Junge offiziell zum katholischen Glauben übergetreten war.

Es sollte nicht vergessen werden, dass die meisten von uns durch ihre religiöse Erziehung immer wieder vor bösen Geistern und Dämonen gewarnt werden und dass es für viele noch selbstverständlich ist, dass sich Gut und Böse um unsere Seelen streiten. Auch das christliche Jenseits teilt sich in Gut und Böse, das heißt, in Himmel und Hölle auf.

Wer sich darüber wundert, dass katholische Priester so oft als Exorzisten tätig werden, sollte einen Blick in die Bibel werfen, wo an vielen Stellen von Besessenheit durch Dämonen und böse Geister die Rede ist.

In Lukas 7, Vers 21, wird über Johannes den Täufer berichtet: »Zu derselben Stunde aber machte er viele gesund von Krankheiten und Plagen und bösen Geistern ...« Interessant ist, dass in Vers 22 Jesus antwortet: »Gehet hin und verkündiget Johannes, was ihr gesehen und gehört habt: Blinde sehen, Lahme gehen ...« Von bösen Geistern ist nicht die Rede.

Jesus selbst heilte einen kleinen Jungen von einem »sprachlosen Geist«, der in dem Jungen Anfälle verursachte, bei denen er sich auf dem Boden wälzte und schäumte. Sein Vater hatte ihn, während er unter diesen Anfällen litt, schon mehrere Male ins Feuer oder ins Wasser geworfen, um ihn umzubringen. Diese Geschichte wird in Markus 9 erzählt. Jesus sagte: »Diese Art kann durch nichts ausfahren als durch Beten und Fasten.« Mit dem medizinischen Wissen, das wir heute haben, würden wir hier wohl eher von epileptischen Anfällen sprechen als von Besessenheit. Auch würden wir uns vermutlich etwas eingehender mit der gefühllosen Handlungsweise des Vaters beschäftigen.

In Matthäus 8, Vers 14, wird erzählt, wie Jesus die Schwiegermutter des Petrus vom Fieber heilte. In Vers 16 heißt es: »Am Abend aber brachten sie viele Besessene zu ihm; und er trieb die Geister aus durch sein Wort und machte alle Kranken gesund.« Beschreibt das Wort »Geist« hier nicht eher so etwas wie eine Krankheit?

Zumindest lässt mich diese kleine Auswahl von Bibelstellen über Besessenheit durch Dämonen und böse Geister das Thema mit etwas anderen Augen sehen. Andererseits basiert unsere ganze Kultur und religiöse Tradition auf der Trennung in Gut und Böse, Gott und den Teufel, Engel und Dämonen, auf der Idee von der Schuld, die wir alle schon von Geburt an mitbringen, und auf dem Glauben an einen strafenden Gott. In einem Gottesdienst, an dem ich vor nicht allzu langer Zeit teilgenommen habe, endete ein Lied mit den Worten: » ... von Herzen fürchte dich.«

Wir halten uns zwar für sehr viel moderner und aufgeklärter als unsere Vorfahren, aber dennoch sind die religiösen Dogmen, Überzeugungen und Traditionen, die sich mit der unsichtbaren geistigen Welt beschäftigen, in den meisten von uns sehr tief verwurzelt. Der Teufel, Dämonen und böse Geister üben nach wie vor eine große Faszination aus, von der auch viele Filmemacher profitieren. Auch wenn, wie es in neueren Filmen und Fernsehserien wie »Charmed« der Fall ist, »gute« Hexen und »gute« Vampire auftreten, so doch meist, um die Welt vor den bösen Dämonen zu retten, die sie in großer Anzahl bevölkern, ohne dass wir etwas davon mitbekommen.

In der Bibel gibt es allerdings auch noch eine andere interessante Stelle, die mit Vorhersagen und Hellsehen zu tun hat, und zwar 1. Korinther, Kapitel 12:

»Viele Gaben – ein Geist

Über die geistliche Gabe aber will ich euch, liebe Brüder, nicht ohne Erkenntnis lassen ... (Vers 8) Einem wird gegeben durch den Geist, zu reden von der Weisheit; dem anderen wird gegeben, zu reden von der Erkenntnis, nach demselben Geist; (Vers 9) einem andern der Glaube, in demselben Geist; einem andern die Gabe, gesund zu machen, in dem *einen* Geist; (Vers 10) einem andern die Kraft, Wunder zu tun; einem andern Weissagung; einem andern, Geister zu unterscheiden; ... (Vers 11) Dies alles aber wirkt derselbe *eine* Geist und teilt einem jeglichen das Seine zu, wie er will.«

Der Text endet in 1. Korinther, Kapitel 14, Vers 39 und 40:

» ... Darum, liebe Brüder, befleißiget euch des Weissagens und wehret nicht, in Zungen zu reden. Lasset aber alles ehrbar und ordentlich zugehen.«

Diese Textpassage ist ein deutlicher Beweis dafür, dass Weissagungen auch in der Bibel als etwas Normales angesehen wurden. An der Art, wie sie praktiziert wurden, hat sich im Laufe der Jahrtausende anscheinend nicht viel verändert, denn der letzte Satz trifft auch heute noch zu: »Lasset aber alles ehrbar und ordentlich zugehen.«

In all den Jahren, in denen ich mich mit der geistigen Welt beschäftigt habe und damit, wie unsere Gedanken funktionieren, habe ich eines immer wieder ganz klar erkannt: Negative Gedanken ziehen negative Handlungen nach sich. Sehr negative Menschen brauchen kein Ouija Brett, um sich ein negatives Leben zu schaffen. Das bewirken sie allein durch ihre Gedanken. Wenn wir also in den Weiten der geistigen Welt Kontakt suchen und unsere Energien negativ geladen sind, werden wir von dort die entsprechende Resonanz bekommen. Deshalb: Je negativer unsere eigene Einstellung ist, desto negativer wird die Resonanz über das Ouija Brett sein.

Natürlich sind nicht alle Wesen, die man über das Ouija Brett kennen lernt, die weisesten aller Geschöpfe. Viele befinden sich noch ganz am Beginn des Weges zur geistigen Entwicklung. Auch kommt es sicherlich vor, dass man auf Wesen trifft, die einem nicht unbedingt gut zugetan sind oder die einfach Unfug anrichten wollen. Man sagt, dass sich erdgebundene geistige Wesen, die noch nicht begriffen haben, dass sie gestorben sind, negativ durch das Ouija Brett auswirken können. Wenn Sie auf ein solches geistiges Wesen treffen, hören Sie sofort auf. Sagen Sie laut, dass Sie mit negativen oder erschreckenden Nachrichten nichts zu tun haben möchten, und beenden Sie die Sitzung. Lassen Sie sich weder von Ihrer Neugier noch von einem möglichen Gruseleffekt verleiten, auf dieses geistige Wesen einzugehen. Wenn sich ein solches Wesen immer wieder meldet, brechen Sie die Sitzung eben immer wieder ab. Es liegt ganz bei Ihnen, ob ein Kontakt aufrechterhalten oder abgebrochen wird.

Der Wunsch zu erfahren, wann jemand stirbt oder krank wird, den erstaunlich viele Menschen haben, bringt viel negative Energie in eine Sitzung. Wenn Sie mit jemandem in einer Runde sitzen, der sich primär mit solchen Fragen beschäftigt, sollten Sie die Sitzung beenden. Ich bezweifle, dass sich geistige Wesen auf Fragen nach der Todesstunde eines Menschen einlassen, und wenn doch, dürfte die Antwort stark anzuzweifeln sein. Eine andere Frage ist, warum manche Menschen unbedingt wissen wollen, wann jemand in ihrem Umfeld stirbt. Sind es Machtansprüche? Will man seinem Partner, seinen Kindern, seinen Freunden und Verwandten wirklich sagen können, wann sie sterben? Und was dann? Was macht man mit der Angst, die man in der anderen Person ausgelöst hat? Wird sich die Vorhersage aufgrund dieser Angst womöglich als sich selbst erfüllend erweisen?

Zu den dunklen Seiten des Ouija Bretts gehört auch die Möglichkeit, dass Teilnehmer an einer Sitzung grundsätzlich keine Verantwortung für sich selbst übernehmen möchten und nur noch aufgrund von Ratschlägen handeln, die sie durch das Ouija Brett bekommen haben. Wenn dann etwas schief läuft, kann man die Verantwortung für sein Handeln auf eine höhere »Macht« schieben. Das Ouija Brett kann zwar ein Ratgeber sein, aber ein guter Rat ist immer so formuliert, dass die letzte Entscheidung über Ihr Handeln bei Ihnen bleibt. Sollte Ihnen das Ouija Brett dennoch »befehlen«, so oder so zu handeln, benutzen Sie Ihren gesunden Menschenverstand und fragen Sie sich, ob Sie diesen Rat auch annehmen würden, wenn er von Ihrem Freund oder Ihrer Familie käme. Wenn nein, sollten Sie ihn auch in diesem Fall nicht annehmen. Machen Sie das Ouija Brett also nicht für Ihre eigenen Fehlentscheidungen verantwortlich. Die Entscheidung über Ihr Leben liegt allein bei Ihnen.

Bei der Arbeit mit dem Ouija Brett sollte man ein paar Grundregeln auf jeden Fall beachten:

1. Wenn die Beschäftigung mit dem Ouija Brett zur Sucht wird, das heißt, wenn Sie nichts mehr entscheiden, ohne vorher das Ouija Brett zu befragen, dann ist Zeit, damit aufzuhören.

2. Wenn Sie Antworten bekommen, die Sie erschrecken, sollten Sie die Sitzung sofort beenden.
3. Wenn Nachrichten durch das Ouija Brett kommen, die mit dem Tod einer anderen Person zu tun haben oder mit einem Unfall, in den andere verwickelt sind, sollten Sie diese Nachricht nicht akzeptieren und auch nicht danach handeln. Sagen Sie laut und deutlich, dass Sie an solchen Nachrichten nicht interessiert sind.
4. Wenn vor oder während einer Sitzung aus unerklärlichen Gründen Gegenstände umfallen, sollten Sie die Sitzung sofort beenden oder sie gar nicht erst beginnen.
5. Wenn Sie gerade eine kritische Lebensphase durchmachen oder psychisch angeschlagen sind, sollten Sie auf gar keinen Fall mit dem Ouija Brett arbeiten, weil Sie die eigenen Ängste mit in die Sitzung nehmen.
6. Wenn Sie an böse Geister und Dämonen glauben oder sich vor einem Kontakt mit der geistigen Welt fürchten, sollten Sie nicht mit dem Ouija Brett arbeiten.

Für mich persönlich ist das etwa so, wie wenn ich einen jungen Mann sehe, der mit seinen Inline Skates oder auf seinem Snowboard aus zehn Metern Höhe in die Tiefe springt. Da bekomme ich schon vom Zusehen Angst und würde so etwas nie wagen. Von jungen Menschen, die es wissen müssen, habe ich mir allerdings sagen lassen, dass es auf die innere Einstellung ankommt. Wenn man Angst hat, springt man nicht. Das bringt nur Ärger oder mögliche Unfälle.

Das Gleiche gilt meiner Meinung nach für die Kontaktaufnahme durch das Ouija Brett. Man begibt sich in unbekannte Sphären, und das Ergebnis ist, genau wie bei einem Sprung aus großer Höhe, nur bedingt einzuschätzen. Wenn Sie im Innersten Ihres Herzens an Dämonen und böse Geister glauben, kann eine Sitzung für Sie zur negativen Erfahrung werden, und ich würde davon abraten.

Betrachten Sie das Ouija Brett als ein Instrument, das Ihnen ungewöhnliche Erfahrungen bescheren kann. Die geistige Welt ist meiner Erfahrung nach neutral, aber sie wird sich den Einstellungen, Ängsten, Erwartungen und Vorurteilen der Fragenden anpassen beziehungsweise sie widerspiegeln.

Betrügereien

Die Frage, die sich Teilnehmer immer wieder stellen, lautet: »Hat sich die Planchette von selbst bewegt oder wurde sie von jemandem angeschoben?«

Vor nicht allzu langer Zeit sah ich durch »Zufall« eine Episode der Fernsehserie *Lindenstraße*, in der das Ouija Brett befragt wurde. Oder besser: Ein ungläubiger Reporter saß mit einem Pärchen vor einem Ouija Brett, und die beiden führten ihm vor, wie das Ouija Brett auf Fragen antwortet. Das Glas bewegte sich nach jeder Frage leicht und flüssig über das Brett. Natürlich war der Raum völlig dunkel und nur von Kerzen erhellt. Mit anderen Worten: Kein Klischee wurde ausgelassen. Als der Reporter fragte, ob sein Bericht über das Ouija Brett, bei den Lesern ankommen würde, buchstabierte das Glas die Antwort: »Es kommt auf die Fotos an.« Als der Reporter gegangen war, fragten sich die anderen Beteiligten, wer wohl das Glas gerückt hatte, denn diese Frage war nicht abgesprochen gewesen.

Die Produzenten der *Lindenstraße* hatten sich offenbar nicht entscheiden können, ob sie das Ouija Brett als ein Instrument präsentieren wollten, das neue Wege öffnet, oder eher als ein Mittel, um leichtgläubige Menschen hereinzulegen. Also taten sie beides.

Natürlich kann man das Ouija Brett benutzen, um leichtgläubige Menschen aufs Glatteis zu führen und ihnen etwas vorzugaukeln. Deshalb sollte man, wenn man sich auf eine Sitzung einlässt, unbedingt wissen, mit wem man es zu tun hat. Kennen Sie die an der Sitzung teilnehmenden Personen und sind Sie sich sicher, dass Sie ihnen vertrauen können? Wenn das nicht der Fall ist und Sie trotzdem an einer Ouija Brett-Sitzung teilnehmen, sollten Sie dies mit einer guten Portion Skepsis und gesundem Menschenverstand tun.

Achten Sie vor einer Sitzung darauf, ob man Ihnen zu viel Respekt vor dem, was sich hier abspielen wird, abverlangt. Wie wird die Sitzung vorbereitet? Ist der Raum zu dunkel? Wird mit zu vielen »gruseligen« Symbolen gearbeitet? Werden alle möglichen Dinge verwendet, die vor »bösen« Geistern schützen sollen?

Wenn es zu vieler Requisiten bedarf, um eine Sitzung abzuhalten, sollten Sie vorsichtig sein, weniger wegen der bösen Geister als wegen der Menschen, die diese Sitzung abhalten.

Allerdings wird es sich nie abstellen lassen, dass die Gutgläubigkeit eines Rat suchenden Menschen zum eigenen Vorteil und zum Schaden der Person ausgenutzt wird. Solche unverantwortlichen Menschen hat es immer gegeben und wird es immer geben. Da auch eine Sitzung mit dem Ouija Brett leicht zu einer »gezinkten« Vorstellung werden kann, sollten Sie sich eine gesunde Skepsis bewahren, wenn Sie eine Sitzung mit fremden Personen machen. Wie aus den vielen Beispielen, die ich in diesem Buch mit aufgenommen habe, ersichtlich ist, werden Antworten selten direkt gegeben, sondern immer in umschreibende Worte gefasst.

Ein berühmter Magier, der einst Opfer solcher Täuschungsmanöver geworden war, begann danach in einer großen Kampagne Medien zu entlarven, welche die Gutgläubigkeit anderer ausnutzten. Sein Name war Ehrich Weisz, besser bekannt als Harry Houdini.

Houdini war 1886 mit seinen ungarischen Eltern nach Amerika ausgewandert. Sein Vater verstarb bereits 1892. Danach wurde Houdinis Beziehung zu seiner Mutter über die Maßen eng und blieb es auch, als er längst erwachsen war. Seine Karriere begann früh. Schon 1904 wurde er in Berlin als Magier gefeiert.

Geisterbeschwörungen, Séancen, Tischerücken und alles Mystische waren zu jener Zeit groß in Mode. Houdini selbst hielt Séancen ab, in denen er Menschen vorgaukelte, sie könnten mit den Geistern Verstorbener in Verbindung treten. Als er jedoch erkannte, dass viele zu ihm kamen, weil sie hofften, sie könnten eine wirkliche Verbindung mit Verstorbenen aufnehmen, gab er diese Séancen auf. Als seine Mutter im Jahre 1913 starb, brach für ihn eine Welt zusammen. In unzähligen Séancen versuchte er, Kontakt mit ihr aufzunehmen. Aber seiner Ansicht nach gelang es ihm kein einziges Mal.

Im Jahre 1920 begann er, alle damals bekannten Medien Amerikas anzugreifen mit dem Ziel, sie des Betrugs zu überführen. Das fiel ihm natürlich leichter als vielen »Experten«, da er selbst alle Tricks kannte. In seinem Buch *Magician Among the Spirits* (Magier unter den Geistern), prangerte er alle Medien und Spiritualisten an, die er entlarven konnte. Seine größte Herausforderung war Mina Crandon, ein Medium, das damals unter dem Namen »Margery« bekannt war. Margery war schon viele Male von Wissenschaftlern überprüft worden, doch keiner von ihnen hatte ihr Betrug nachweisen können. Der berühmte Sir Arthur Conan Doyle, selbst ein überzeugter Spiritualist, hatte sie gegen diese Angriffe verteidigt. Auch Houdini konnte Margery nie etwas nachweisen.

Das Endergebnis von Houdinis Attacken war, dass der Kongress der Vereinigten Staaten 1926 eine Anhörung einberief. Es ging um die Verabschiedung eines Gesetzes, welches das Wahrsagen verbieten sollte. Daraufhin machten sich viele Medien zu einem Protestmarsch nach Washington auf. Das Gesetz wurde nicht verabschiedet. Dennoch machten Houdinis Aktionen die Öffentlichkeit darauf aufmerksam, wie schnell und erfolgreich man leichtgläubige Menschen hintergehen kann. Er hat, um einen Artikel aus der »Library of Congress« zu zitieren, »der nachfolgenden Generation eine gesunde Skepsis hinterlassen«.

Die Zeit der großen Séancen ist vorbei, und wir stehen dem Thema Kontaktaufnahme mit geistigen Wesen heute etwas aufgeschlossener gegenüber. Zum Beispiel halten wir es nicht mehr für zwingend notwendig, zu einem Medium zu gehen, wenn wir etwas mehr über uns selbst und unser Leben wissen oder mehr über das Wohlergehen von Verstorbenen herausfinden möchten.

Der beste Schutz gegen Betrug ist immer noch der gesunde Menschenverstand. Machen Sie eine Sitzung mit dem Ouija Brett möglichst nur mit Personen, denen Sie vertrauen und von denen Sie wissen, dass sie Ihnen keinen Schaden zufügen wollen.

Ist der Schleier, der sie verhüllt,
der Schleier unserer Voreingenommenheit?

Gibt es die geistige Welt wirklich?

Wir sprechen im Zusammenhang dieses Buches von Geistern oder Geistwesen, die zwar unsichtbar sind, die wir unter bestimmten Umständen aber trotzdem fühlen, hören oder anderswie wahrnehmen und mit denen wir Kontakt aufnehmen können, zum Beispiel über das Ouija Brett. Die nun folgenden Geschichten beweisen meiner Meinung nach hinreichend, dass es die geistige Welt wirklich gibt. Doch urteilen Sie selbst.

Pearl Curran

Zu den am besten bekannten wahren Geschichten um das Ouija Brett gehört die von Pearl Curran, die sich zunächst gemeinsam mit einer Freundin an dem Brett versuchte, anfangs mit nur mäßigem Erfolg. Erst nachdem Pearl Currans Vater gestorben war, kamen nach und nach Nachrichten von ihrer Mutter, von ihrem Vater und von anderen geistigen Wesen durch. Am 8. Juli 1913 buchstabierte das Ouija Brett folgende Nachricht: »Ich lebte vor vielen Jahren. Ich kam zurück. Ich heiße Patience Worth.«

Patience Worth ist ein geistiges Wesen, das mit Hilfe des Ouija Bretts und Pearl Curran Kurzgeschichten, Gedichte und Romane geschrieben hat, die mehr als 4000 Seiten füllen. Die Sitzungen mit ihr waren jedem Interessierten zugänglich. Frau Curran und ihr Mann hatten im Laufe der Zeit eine Unmenge von Besuchern, die das Phänomen Patience Worth live erlebten. Während der Sitzungen unterhielt sich Patience Worth angeregt mit den Besuchern, darunter sehr viele bekannte Persönlichkeiten der damaligen Zeit.

Der Roman *The Sorry Tale*, eine Geschichte über das Leben Jesu, die Patience Worth durch das Ouija Brett diktierte, wurde ein ganz großer Erfolg. Es hatte zwei Jahre gedauert, dieses Buch zu diktieren, und es umfasste ca. 800 Seiten. Zweihundert weitere Personen sind in diesem Roman enthalten, alle mit ihren eigenen Geschichten und Tragödien. Und wie eine Autorin aus Fleisch und Blut kümmerte sich Patience Worth auch um das äußere Erscheinungsbild des Buches. Henry Holt, der Verleger, nahm selbst an einigen Sitzungen teil und fragte sie, welche Farben der Buchumschlag für ihren Roman haben sollte. Sie bat um die Farben des Sonnenuntergangs. Das Werk wurde von der Kritik einhellig positiv aufgenommen.

Die *New York Times* schrieb am 8. Juli 1917:

»Diese lange und komplizierte Geschichte des jüdischen und römischen Lebens zur Zeit Christi ist meisterlich durchdacht und mit Präzision und Genauigkeit geschrieben. Es ist ein wunderschönes und vortreffliches Buch.«

W.T. Allison, Professor für Englische Literatur an der Universität von Manitoba, war der Ansicht:

»Kein Buch hat je ein so klares Licht auf die Lebensweise von Juden und Römern im Palästina zur Zeit unseres Herrn geworfen.« (*Winnipeg Glob*, 21. September 1917)

Dr. Roland Green Usher, Professor für Geschichte an der Universität St. Louis, sagte:

»Dies ist ohne Frage die beste Geschichte über das Leben Christi seit den Evangelien. Am Ende hat der Leser ein größeres Verständnis für etwas, das bis dahin dunkel und vage war.« (*Reed's Mirror*, 19. Juni 1917)

Danach folgte der Roman *Hope Trueblood*. Er spielt im 17. Jahrhundert und handelt von einer unabhängigen jungen Frau, die in einem englischen Dorf lebt. Obwohl sie viele Schwierigkeiten meistern und zahlreiche Demütigungen über sich ergehen lassen muss, siegt sie am Ende aufgrund ihres Mutes, ihrer Intelligenz und ihrer Entschlossenheit.

Die *Los Angeles Times* schrieb über diesen Roman:

»Man kommt nicht umhin zu erkennen, dass hier ein Meisterwerk entstanden ist. Könnte es sein, dass eine Brontë zu uns zurückgekehrt ist durch eine winzige Öffnung aus dem trostlosen Land des Todes, an das sie ihre Lippen gepresst hat?«

Die *New York Tribune* schrieb:

»Ob körperlich oder im Geist, die Autorin ist mit einmaliger Vorstellungskraft, Einfallsreichtum und Ausdruckskraft begabt. Die psychologische Analyse und die dramatische Kraft, die in dieser Geschichte zu Tage tritt, ist außergewöhnlich und weist sie als das Werk eines Genies aus.«

In Zusammenarbeit mit Pearl Curran schrieb Patience Worth mehr als zweitausend Gedichte und gewann unter anderem einen Gedichtwettbewerb, bei dem es mehr als vierzigtausend Mitbewerber gab. William Reedy, der Herausgeber von *Reedy's Mirror* und ein Mann von großem Einfluss in der amerikanischen Literaturszene der damaligen Zeit, war Patience größter Gönner.

Schließlich überredete Patience Worth Pearl Curran und ihren Mann, ein Kind zu adoptieren. Sie gab genau an, welches Geschlecht das Kind haben sollte und wo sie es finden würden. Beide entschlossen sich zu der Adoption und fanden nach ein paar Monaten ein Kind, auf das die Beschreibung von Patience Worth passte. Sie nannten dieses Kind Patience Worth Curran. Patience Worth verfügte, dass die Einnahmen aus dem Verkauf ihrer Bücher an das Kind gehen sollten. Sie gab oft Ratschläge über Kindererziehung und unterhielt sich selbst mit dem Kind, als es älter war.

Im Laufe der Zeit machte sich bei Pearl Curran ein Phänomen bemerkbar, das bei vielen Menschen auftritt, die sich regelmäßig und ernsthaft mit dem Ouija Brett beschäftigen: Sie hören das nächste Wort schon in ihrem Kopf, bevor es ganz buchstabiert ist. Auch bei Pearl Curran kamen schließlich immer weniger Informationen über die Planchette. Statt dessen sah sie vor ihrem inneren Auge lebendige Bilder, die das diskutierte Thema beschrieben. Seit 1920 sprach Pearl Curran für Patience Worth, das heißt, sie lieh ihr ihre Stimme, während ihr Mann alles mitschrieb. Pearl Curran hat die Tatsache, dass Patience Worth während dieser Sitzungen sozusagen von ihr Besitz nahm, anscheinend nie als bedrohlich oder als Verletzung ihrer Privatsphäre empfunden. Sie hat sich aber auch nie als Medium gesehen.

Auch der Umgang mit dem Ouija Brett hatte für Pearl Curran nichts Geheimnisvolles. In ihren Augen war es ein Stück Holz, weiter nichts, und die Bewegungen der Planchette hielt sie für die Bewegungen ihres eigenen Unterbewusstseins. Das wahre Geheimnis, so es denn eines gäbe, sei die Quelle dieses Impulses, sagte sie.

Patience Worth selbst erklärte, sie sei ein geistiges Wesen, die Seele eines Menschen, der schon lange tot sei. Dr. Walter Franklin Prince, der im Auftrag der Amerikanischen Gesellschaft für Psychologische Forschungen an Sitzungen mit Patience Worth teilgenommen hatte, kam zu dem Schluss, dass Pearl Curran keine Betrügerin war. Mit einer Antwort auf die Frage »Geist oder Automatismus?« wollte er sich allerdings nicht festlegen. Er war der Ansicht, man müsse Patience Worth entweder als geistiges Wesen akzeptieren oder aber als außerordentliches Phänomen, das über das menschliche Unterbewusstsein in Erscheinung getreten sei.

Letztendlich wollte also niemand eine klare Stellungnahme zu der Frage abgeben, woher die Ratschläge und die vielen Gedichte und Romane von Patience Worth kamen. In einem Punkt waren sich jedoch alle einig: Pearl Curran war keine Betrügerin. Mitte der zwanziger Jahre ließ das öffentliche Interesse an Patience Worth nach. Es wurden deutlich weniger Bücher veröffentlicht und verkauft. Pearl Curran starb im Jahre 1937.

Jane Roberts

Jane Roberts beschreibt ihre Erfahrungen mit dem Ouija Brett und ihre Wandlung zu einem der bedeutendsten Medien überhaupt in ihrem Buch *Das Seth-Material.*

Bevor sie 1963 mit dem Ouija Brett zu experimentieren begann, war Jane Roberts eine ganz »normale« verheiratete Frau, die in einer Kunstgalerie arbeitete, Kurzgeschichten schrieb und gerade ihren ersten Roman veröffentlicht hatte. Sie schreibt von sich selbst, dass sie zur damaligen Zeit weder an einen Gott glaubte noch an ein Leben nach dem Tod. Für sie war das Hier und Jetzt auf dieser Welt alles, was kommen würde. Mehr gab es nicht. Das Jahr 1963 verlief weder für ihren Mann noch für sie so, wie beide sich das vorgestellt hatten. Ihrem Mann ging es gesundheitlich nicht gut, und sie hatte keine wirklich gute Idee für ein neues Buch. Am 9. September 1963 brach plötzlich ein Sturm radikal neuer Ideen in ihrem Kopf los, den sie nicht einordnen konnte. Sie hatte das Gefühl, einen Radiosender eingeschaltet zu haben, wusste allerdings nicht, auf welcher Frequenz. Doch eines war klar, nämlich dass eine ungeheuere Energie hinter diesen Ideen in ihrem Kopf steckte. Das war der Zeitpunkt, zu dem sich ihr Leben verändern sollte. Ihr war plötzlich absolut klar, dass alles, Lebewesen genau wie unbelebte Materie, Bewusstsein besaß, auch der winzige Nagel, den sie in diesem Moment auf ihrem Fensterbrett liegen sah. Woher dieses Wissen kam, wusste sie nicht. Kurz danach träumte sie zwei Zukunftsträume, die ersten, die sie jemals gehabt hatte. Durch diese Vorkommnisse angeregt fragte ihr Mann, ob sie nicht ein Buch zum Thema übersinnliche Wahrnehmung schreiben wolle, ein Buch für ganz normale Menschen wie sie selbst. Sie schrieb ein Exposee und sah darin Kapitel vor wie »Wie hält man eine Séance ab?«, »Telepathie – Realität oder Fiktion?«, »Wie man mit dem Ouija Brett arbeitet« und so weiter.

Erst nachdem ihr Verleger das Projekt angenommen hatte, begannen sie mit Ouija Brett-Sitzungen, für die sie sich ein Brett ausleihen mussten, weil sie selbst keines besaßen. Die ersten beiden Sitzungen waren nicht sehr erfolgreich, da Jane Roberts und ihr Mann nicht wirklich bei der Sache waren und sich eigentlich mehr für das Thema der Séance interessierten als für das Ouija Brett. Beim dritten Versuch kam plötzlich eine Nachricht von einem Geistwesen durch, das sich selbst Frank Withers nannte. Zunächst nahmen die beiden diese Nachricht nicht besonders ernst, doch dann fanden sie heraus, dass alles, was Frank Withers durch das Ouija Brett verkündet hatte, absolut korrekt war. Er hatte beispielsweise angegeben, dass er 1940 verstorben sei. Und in der Tat hatte es um 1940 jemanden mit diesem Namen in Elmira gegeben, wo Jane Roberts und ihr Mann wohnten. Als sie das nächste Mal Kontakt mit ihm hatten, erzählte ihnen derselbe Frank Withers, er sei als Soldat in der Türkei gewesen und habe Rob, Jane Roberts Mann, bereits in Dänemark gekannt.

Der 8. Dezember 1963, so Jane Roberts, brachte den Durchbruch. Sie saßen wieder vor dem Ouija Brett, als sich die Planchette so schnell bewegte, dass sie kaum mithalten konnten. In dieser Sitzung gab sich Frank Withers als »Seth« zu erkennen, gab Jane Roberts den Namen »Ruburt« und nannte ihren Mann statt Robert »Joseph«. In späteren Gesprächen erklärte Seth, dies seien die Namen ihrer ganzen Persönlichkeit. Außerdem gab er Rob Roberts den Rat, seine Wirbelsäule untersuchen zu lassen, der sich als sehr wertvoll erwies. Schon nach relativ kurzer Zeit wusste Jane Roberts während der Sitzungen bereits im Voraus, was Seth durch das Brett sagen wollte, und fühlte sich mehr und mehr gedrängt, die Worte dann auch laut auszusprechen. Schließlich begann Jane Roberts für Seth zu sprechen und diktierte ihrem Mann im Laufe der Zeit unzählige Bücher, in denen Seth erklärt, wie die geistige Welt funktioniert, was sie für uns auf dieser Welt bewirkt und wie wir vor dem Hintergrund dieses Wissen unser Leben besser gestalten können.

All dies hat Jane Roberts anfangs sehr erschreckt. In Trance veränderte sich ihr Aussehen, ihre Gesichtszüge wurden männlicher, ihre Stimme dunkler. Allerdings empfand sie weder diese Veränderungen noch Seths »Invasion« jemals als bedrohlich, genau wie Pearl Curran Patience Worth nie als bedrohlich erlebt hatte. Seth hat ihr immer wieder versichert, dass sie nichts von ihm zu befürchten habe und dass er sich ihr und ihren Lebensgewohnheiten anpassen würde, und daran hat er sich in all den Jahren ihrer Zusammenarbeit auch gehalten.

Jane Roberts war stets daran interessiert, mehr über »ihr« Phänomen herauszufinden. Vorrangig war vor allem die

Frage, ob dieses Wissen wirklich aus einer unsichtbaren Welt kam oder doch aus ihrem Unterbewusstsein. Sie hat sich vielen Tests unterzogen, und obwohl sie mit Seth immer sehr überzeugend war, wollten sich die Wissenschaftler nicht wirklich überzeugen lassen, noch nicht einmal die Parapsychologen. In einem ihrer Bücher erzählt Jane Roberts von einem gewissen Dr. Barnard. Nachdem dieser an einer Sitzung mit ihr und Seth teilgenommen hatte, schrieb er an ihren Verleger, er sei der Ansicht, dass es sich bei Jane Roberts und Seth um zwei verschiedene Persönlichkeiten handle oder um dieselbe Persönlichkeit mit zwei verschiedenen Facetten...

Bis zu ihrem Tod im Jahre 1984 hielt Jane Roberts regelmäßig Sitzungen mit und für Seth ab. Die Bücher, die Seth durch sie diktiert hat, stammen fast alle aus privaten Sitzungen. Jane Roberts hat aber auch unzählige ASW-Klassen geleitet, in denen sich Seth mit den Schülern unterhielt. Es gibt also genügend Zeugen, die ihre Verwandlung in Seth hautnah miterlebt haben.

Warum habe ich diesen Fall so ausführlich geschildert? Weil Jane Roberts nichts von ihren medialen Fähigkeiten wusste, bevor sie sich mit dem Ouija Brett zu beschäftigen begann. Sie war nie von Vorahnungen und plötzlichem unerklärtem Wissen belastet gewesen, ganz im Gegenteil, sie hielt nichts von esoterischem Wissen. Und dennoch hat die Erfahrung mit Seth ihr Leben von Grund auf verändert. Das bedeutet nicht, dass jeder der ein Ouija Brett benutzt, irgendwann zum Medium wird, aber es ist ein klarer Beweis für die Existenz der geistigen Welt.

Sanaya Roman

In ihrem Buch *Sich dem Leben öffnen* schreibt Sanaya Roman, dass sie bereits als Kind intuitive Erkenntnisse gehabt und Zustände des erweiterten Bewusstseins erlebt hatte. Sie konnte diese Erfahrungen aber weder in ihr Leben bringen noch wusste sie damit umzugehen. In *Das Praxisbuch des Channelns* schildert sie, wie sie mit achtzehn Jahren an einer Channeling-Sitzung bei Betty Bethards teilnahm, woraufhin diese Frau ihr vorhersagte, dass sie mit Mitte zwanzig ein Channeling-Medium sein würde, denn das sei ihre Lebensaufgabe. Das schien ihr damals eine zwar wunderbare, aber nicht sehr wahrscheinliche Vision. Sie arbeitete zunächst in einem Büro und gründete dann eine kleine Marketing-Beratungsfirma. In dieser Zeit las sie die Bücher von Jane Roberts und war begeistert. Zusammen mit ein paar Freunden und Freundinnen schaffte sie sich ein Ouija Brett an. Ziel der Sitzungen, zu denen sie zusammenkamen, war es, einen Geistführer wie Seth zu finden. Im Jahre 1977 meldete sich eine Wesenheit namens »Orin«. Orin verkündete, er sei ein Meister-Lehrer und sie würden noch mehr von ihm hören, sobald Sanaya Roman seine Botschaften besser empfangen könne. Denn eines war von Anfang an klar: Sanaya war diejenige, welche die Botschaften empfing. Allerdings musste sie zunächst lernen, mit der überwältigenden Energie dieses geistigen Wesens umzugehen. Erst von 1981 an begann sie ohne die Vermittlung durch das Ouija Brett für Orin zu sprechen.

Auch in diesem Fall kam der Kontakt zu einem höheren Geistwesen zunächst über das Ouija Brett zustande. Allerdings war sich Sanaya Roman im Gegensatz zu Jane Roberts ihrer medialen Fähigkeiten schon vorher bewusst. Nachdem wir mit diesen Berichten einige, wie ich finde, sehr stichhaltige Beweise für die Existenz der geistigen Welt geliefert haben, stellt sich die Frage, ob es ein Leben nach dem Tod gibt, eigentlich gar nicht mehr. Oder doch? Urteilen Sie selbst, nachdem Sie die folgenden Abschnitte gelesen haben.

Elisabeth Kübler-Ross

Elisabeth Kübler-Ross, die wohl bekannteste Sterbeforscherin, hat in vielen Gesprächen mit Sterbenden nachgewiesen, dass die Seele nach dem physischen Tod nicht stirbt. Sie berichtet beispielsweise, wie sie am Bett eines durch einen Autounfall schwer verletzten Jungen saß und sich mit dem Kind unterhielt. Der Vater des Jungen, selbst schwer verletzt, war in einem anderen Zimmer untergebracht. Plötzlich sagte der Junge, er müsse jetzt gehen, sein Vater warte schon auf ihn, er könne ihn deutlich sehen. Später stellte sich heraus, dass der Vater zehn Minuten vor diesem Gespräch verstorben war, was das Kind allerdings nicht hatte wissen können, da es im Krankenhaus keinen Kontakt zu seinem Vater gehabt hatte. Und doch war der Vater schon da gewesen, um den Sohn abzuholen. Das zeigt, dass die Seele nicht stirbt und dass unsere Essenz, also das, was uns wirklich ausmacht, immer weiterlebt.

In einem Fernsehinterview erzählte Frau Kübler-Ross, dass sie Zeit ihres Lebens wegen ihres Lebenswerks und ihrer Behauptung, es gäbe ein Leben nach dem Tod, mit Anfeindungen zu kämpfen gehabt hatte. Sie erzählte in diesem Interview auch, dass ihr eigener Mann ihr erst auf seinem Sterbebett bestätigt hatte, ihre Nachforschungen und Erkenntnisse seien richtig gewesen, obwohl er dies sein Leben lang bestritten hatte.

Jane Cockell

In ihrem Buch *Unsterbliche Erinnerung* schildert die Engländerin Jenny Cockell einen Traum, den sie schon als Kind immer wieder geträumt hatte: Eine todkranke Frau namens Mary versucht verzweifelt am Leben zu bleiben, weil sie sich Sorgen um ihre Kinder macht. Auch tagsüber hatte Jenny Cockell Bilder aus dem Leben dieser Mary im Kopf. Diese Visionen verfolgten sie ihr Leben lang, vor allem aber das Gefühl der Verantwortung für die Kinder, die Mary hinterlassen hatte. Aus ihren Visionen wusste sie, dass es etwa acht Kinder sein mussten. In jahrelanger mühsamer Kleinarbeit fand sie schließlich heraus, dass sie selbst in einem früheren Leben Mary Sutton gewesen war. Sie hatte in einem kleinen irischen Dorf gelebt und war 1932 kurz nach der Geburt ihres zehnten Kindes in einem Krankenhaus verstorben. Die Sorge um ihre Kinder muss so überwältigend gewesen sein, dass sie bereits zwanzig Jahre später als Jane Cockell in England wiedergeboren wurde. Wie Jenny Cockell herausfand, war Mary Suttons Sorge berechtigt gewesen, denn der Vater hatte die Kinder nach ihrem Tod in ein Waisenhaus gegeben und voneinander getrennt, und das, obwohl er wieder geheiratet hatte. Mit Unterstützung ihres Mannes und einiger bereitwilliger Helfer machte sich Jenny Cockell auf die Suche nach Marys Kindern. Sonny, der erste Sohn, den sie fand, akzeptierte ihre Geschichte sofort, denn sie erzählte ihm Dinge aus dem Leben seiner Mutter, die niemand außer ihm und seiner Mutter wissen konnte. Er half ihr bei ihren weiteren Nachforschungen. Nach und nach machten sie auch die anderen Kinder ausfindig oder brachten zumindest in Erfahrung, was aus ihnen geworden war. Die meisten waren noch am Leben und fast alle akzeptierten Jane Cockells Geschichte. Noch heute steht sie mit ihnen in Verbindung – mit ihren Kindern aus einem früheren Leben.

Shanti Devi

Shanti Devis Fall gehört zu den bestbekannten »Beweisen« für die Realität der Reinkarnation. Shanti Devi wurde am 11. Dezember 1926 in Chirawala Mohulla, einem Stadtteil von Delhi geboren. Bereits zehn Jahre später erschien »A case of re-incarnation«, die erste wissenschaftliche Veröffentlichung über ihren Fall. Darin wird berichtet, dass Shanti Devi bis zu ihrem vierten Lebensjahr fast stumm war. Doch als sie schließlich zu sprechen begann, war sie wie verwandelt. Sie sprach ständig von ihrem »Ehemann« und davon, dass sie mit ihm und ihrem Sohn in Mathura gelebt hatte. Sie wusste genau, wie sie sich gekleidet hatte, dass sie der Choban-Kaste angehört hatte, dass ihr Mann Stoffhändler gewesen war und dass sie mit ihrer Familie in einem gelben Haus gewohnt hatte. Sie nannte sogar drei markante Charakteristika ihres Mannes: Er war von heller Hautfarbe, hatte eine dicke Warze auf der linken Wange in der Nähe des Ohres und trug eine Lesebrille. Auch die genaue Lage seines Stoffgeschäftes konnte sie angeben: vor dem Dwarkadish Tempel.

Als sie sechs Jahre alt war, verblüffte sie ihre Eltern mit einer genauen Schilderung ihres eigenen Todes im Kindbett und von dem Kaiserschnitt, der dem vorausgegangen war. Der Hausarzt der Familie war erstaunt über die genauen Angaben, die das sechsjährige Kind zu diesem komplizierten chirurgischen Eingriff machen konnte. Doch obwohl sie so viel über ihre früheren Lebensumstände zu sagen wusste, erwähnte sie nie den Namen ihres Ehemannes. Das entspricht einer indischen Sitte, nach der Ehefrauen den Namen ihres Mannes nicht nennen dürfen. Schließlich gab sie den Namen aber doch preis, denn ihr Großonkel hatte ihr versprochen, Kontakt mit ihrem früheren Mann aufzunehmen: Pandit Kedar Nath Choubey.

Der Großonkel besuchte Pandit Kedar Nath Choubey in Mathura, erzählte ihm alles, was Shanti Devi über ihn und seine Familie gesagt hatte, und Kedar Nath bestätigte jede Einzelheit. Er schlug vor, sein Vetter solle das Kind besuchen. Dieser Besuch fand unter Zeugen statt. Shanta Devi erkannte den Besucher sofort als den jüngeren Vetter ihres früheren Ehemannes. Außerdem gab sie detaillierte Beschreibungen aller Familienmitglieder, des Hauses, in dem sie gewohnt hatte, und der Umstände, unter denen sie gestorben war. Bei einem weiteren Treffen erkannte sie auch ihren ehemaligen Ehemann sofort wieder, und das, obwohl dieser zunächst seinen Bruder für sich ausgegeben hatte, um Shanti Devi in die Irre zu führen.

Als man der Neunjährigen endlich erlaubte, mit dem Zug nach Mathura zu fahren, konnte sie den Weg zu ihrem Haus genau beschreiben. Sie fand auch ihr früheres Elternhaus wieder und erkannte alle ihre ehemaligen Familienmitglieder auf den ersten Blick. Sie gab an, in einer Ecke ihres früheren Zimmers ihren »Schatz« vergraben zu haben, und war enttäuscht, als nur eine leere Kassette gefunden wurde. Kedar Nath gab später zu, dass er den Inhalt nach ihrem Tod entfernt hatte.

Eine interessante Parallele zu Jane Cockells Geschichte: Shanti Devi, die damals Lugdi hieß, war am 4. Oktober 1925 im Kindbett gestorben und schon im Dezember 1926 auf diese Welt zurückgekehrt. Als die achtjährige Shanti Devi Navneet, den Sohn, nach dessen Geburt Lugdi gestorben war, zum ersten Mal sah, erkannte sie ihn sofort und umarmte ihn mit Tränen in den Augen.

Doch auch Forscher mit anderen Ansätzen haben sich mit der Frage auseinandergesetzt, ob es ein Leben nach dem Tod gibt, und auf ihre Weise Erfahrungen damit gemacht.

Dr. Brian Weiss, Professor für klinische Psychologie und ehemaliger Leiter der Psychiatrischen Abteilung im Mount

Sinai Krankenhaus, Miami, erzählt in seinem Buch *Many Lives, Many Masters* (Viele Leben, viele Meister), wie sein Leben durch eine Patientin völlig verändert wurde. Er war ein durch und durch konservativ denkender Wissenschaftler, der auf sehr viele wissenschaftliche Veröffentlichungen über sein Fachgebiet verweisen konnte und, wie alle Vertreter seiner Zunft, nur an das glaubte, was er auch beweisen konnte.

Die Patientin, die ihn besuchte, litt unter sehr großen Ängsten, die er auch mit noch so intensiver Gesprächstherapie nicht lindern konnte. Nachdem sich die Patientin dazu bereit erklärt hatte, begann er mit einer Hypnosetherapie in der Hoffnung, eventuell versteckte Traumen aufzudecken. Unter Hypnose begann die Patientin ganz spontan, von früheren Leben zu erzählen. Weiss schreibt, er sei geschockt gewesen, weil er dieses Geschehen nicht »wissenschaftlich« einordnen konnte. Später erzählte die Patientin nicht nur von ihren früheren Leben, sondern es meldeten sich auch so genannte »Meister« durch sie. Dies geschah immer dann, wenn die Patientin noch unter Hypnose war, gerade ein früheres Leben beendet hatte und sich in einem Ruhezustand befand, bevor sie in ein anderes Leben eintrat. Sie sprach dann mit einer anderen Stimme und erklärte dem Arzt, dieser Kontakt sei für ihn bestimmt.

Die Meister gaben ihm tiefsinnige Lebensweisheiten durch. Zuerst wollte Weiss nicht an die Echtheit dieser Botschaften glauben, aber nachdem die Meister ihm den Namen seines verstorbenen Vaters genannt hatten, der nur in der Familie bekannt war, und außerdem Grüße von seinem als Kind verstorbenen Sohn übermittelten, war er überzeugt, denn die Patientin wusste nichts über sein Privatleben. Interessant war auch, dass sich die Patientin nach den Hypnosesitzungen immer an ihre früheren Leben erinnern konnte, während sie von den Botschaften, die sie außerdem noch durchgegeben hatte, nichts mehr wusste.

Dieses Erlebnis veränderte das Leben des Arztes. Er musste erkennen, dass es ein Leben nach dem Tod gibt und dass die Seele nach dem physischen Tod nicht stirbt. Sein Lebensgefühl wurde nach dieser Erfahrung deutlich positiver. Auch der Patientin war geholfen worden, denn sie legte ihre Phobien und Ängste ab und war wieder in der Lage, ein normales Leben zu führen.

Dr. Hans Holzer, der sich als Erforscher paranormaler Erscheinungen in der Fachwelt einen Namen gemacht hat, schreibt in seinem Buch *Life Beyond* (Das Leben im Jenseits) über seine Kontakte zur geistigen Welt und seine Untersuchungen so genannter Spukhäuser. Die Geistererscheinungen, von denen hier die Rede ist, können unmöglich der Fantasie der betroffenen Menschen entsprungen sein.

Ein Beispiel von vielen: Ein Ehepaar war daran gewöhnt, dass die Mutter der Frau regelmäßig zu Besuch kam und immer ihren eigenen Schlüssel benutzte, um die Haustür aufzuschließen. So war das jedenfalls zu Lebzeiten der Mutter gewesen. Etwa ein Jahr nach ihrem Tod hörte das Ehepaar, wie nachts um ein Uhr jemand zur Haustür hereinkam. Die Frau rief die Treppe hinunter, wer da sei. Da antwortete ihre Mutter, sie brauche nicht herunterkommen, da sie ohnehin nicht lange bleiben wolle. Dann hörten sie, wie die Tür zufiel, und es war wieder still. Das Ehepaar schlief wieder ein, und erst am nächsten Tag wurde beiden bewusst, dass all das gar nicht möglich gewesen sein konnte, weil die Mutter schon über ein Jahr tot war. Eine Überprüfung ergab, dass alle Türen zugeschlossen waren. Und doch hatten beide die Stimme der Mutter, das Aufschließen der Tür und die Schritte ganz klar gehört.

Diese Geschichten sollen verdeutlichen, dass es ein Leben nach dem Tod gibt und dass unsere Seele und unser Geist auf einer anderen Ebene weiterleben. Wir nehmen auch unsere Emotionen mit, wie die Beispiele von Jane Cockell und Shanta Devi zeigen, und deshalb ist es nicht abwegig, dass auch geistige Wesen den Kontakt zu uns suchen, wenn wir dies zulassen. Das Ouija Brett bietet beiden Seiten die Möglichkeit, einen solchen Kontakt zuzulassen oder selbst Kontakt aufzunehmen.

Ein Windhauch im Nacken,
ein leises Berühren, was war das?

Mit wem tritt man bei einer Ouija Brett-Sitzung in Kontakt?

Die Buchstaben und Zahlen auf dem Ouija Brett geben den Wesen aus der geistigen Welt die Möglichkeit, mit uns zu sprechen, und machen das Brett zu einem Medium der Kommunikation zwischen unserer Welt und der unsichtbaren Welt der Geister.

In seinem Buch *The Journey of the Souls* (Die Reise der Seelen) beschreibt Dr. Michael Newton die Reise, auf die sich die Seele nach dem Tod begibt, und die Stadien, die sie dabei durchläuft. In einem Zeitraum von zehn Jahren hat er mit Patienten in vielen Hypnosesitzungen den Weg der Seele nach dem Tod verfolgt und ist dabei zu erstaunlichen Schlüssen gekommen. Seinen Aufzeichnungen zufolge findet die Seele nach dem Verlassen des Körpers den Weg durch einen Lichttunnel in ihre eigentliche Heimat. Es wird immer beschrieben, unter anderem von Elisabeth Kübler-Ross, dass sehr nahe Verwandte oder Freunde am Endes dieses Weges auf die Seele warten. Auch Newton bestätigt dies in seinem Buch. Die Seele hält sich anschließend für kürzere oder längere Zeit, je nach Erdenleben oder Willen, an einem Ort der Erholung und der Regeneration auf. In der als »Fall 11« bezeichneten Hypnosesitzung lässt Newton einen Patienten zu Wort kommen, der beschreibt, wie seine Seele an einen heilenden Ort gebracht wird, wo sie nach Vollendung des Erdenlebens wieder hergestellt wird. Auch berichten seine Patienten immer wieder, dass eine Seele jede beliebige

Gestalt und Form annehmen kann, weil sie nach ihrem Tod als reine Energie existiert. Mit anderen Seelen kommuniziert sie durch Gedankenübertragung.

Seth, das geistige Wesen, welches durch das Medium Jane Roberts sprach, beschreibt diesen Ort als »Vermittlungsplatz der Existenz«, wo noch sehr viel Unentschlossenheit herrscht, der aber auch als Ort der Erholung gilt. Seiner Beschreibung zufolge kommuniziert die Seele zum größten Teil von dieser Ebene aus mit ihren Verwandten. Seth beschreibt diese Ebene als Zwischenstufe, auf der sich die Seele erholt und wo sie ihr gelebtes Leben nacherlebt und begreift. Das Gleiche geht aus den Hypnosesitzungen von Michael Newton hervor. Zeit spielt dabei keine Rolle. Der Aufenthalt auf dieser Ebene kann Jahrhunderte dauern oder nur ein paar Wochen, wichtig ist in diesem Stadium nur die Weiterentwicklung der Seele. An diesem Vermittlungsplatz wird die Seele über ihre eigenen Vorurteile und Erwartungen aufgeklärt. Hier wird ihr auch liebevoll vermittelt, dass sie gestorben ist, falls sie das noch nicht realisiert hat, was immer wieder vorkommt.

Wenn wir einen Kontakt mit einem geistigen Wesen herstellen, handelt es sich in den meisten Fällen um ein Wesen, das von dieser Ebene aus kommuniziert. Die folgende Unterhaltung zu diesem Thema kam im August 2002 über das Ouija Brett zustande:

> *»Hier existiert jeder gern, gleich ob junge oder alte Seele! Viele gehen mit uns. Könnt ihr diese Behauptung auf Wahrheit verifizieren? Die Wahlmöglichkeiten klingt hier an! Gibt es auch andere Zwischenwelten? Wenn andere Zwischenwelten gewählt werden können, dann muss es dort auch Weiterentwicklungsmöglichkeiten geben? Es macht also einen Unterschied, ob bei uns freiwil-*

lig oder mit Zwang. Was ist Zwang in der anderen Dimension? Freiwillig über Umwege um scheinbare Widersprüche zu durchwandern! Dann sieht man. Ich bin ein Teil von mehreren Möglichkeiten! Fragt!«

Frage: *»Von welchen Möglichkeiten bist du ein Teil?«*

Antwort: *»Gute Möglichkeiten, je nach Entwicklungsstand der Seele. Traut euch zu eurem Verständnis nachzufragen.«*

Frage: *»Kannst du auch sagen, wie mein Entwicklungsstand ist?«*

Antwort: *»Dir fehlt die Vergleichsbasis. Das kurze Flies ist, was du siehst. Stell dir vor, du kannst nur deinen Erdkreis umblicken, den Rest wirst du erst verstehen, wenn du deinen Erdkreis verlassen hast.«*

Da angerufene Seelen unter Umständen selbst noch in einem Stadium der Entwicklung sind, kann man nicht erwarten, dass alle geistigen Wesen auf sämtliche Fragen antworten können. Die Tatsache, dass sie gestorben sind, macht geistige Wesen nicht automatisch weise. Erst die geistige Entwicklung, die jede Seele durchläuft, bringt die Weisheit, nach der wir letztendlich alle streben. Deshalb ist auch nicht jedes geistige Wesen, mit dem wir Kontakt aufnehmen, in der Lage, unsere Fragen zu beantworten. Die Antworten können durchaus noch sehr von menschlichen Schwächen und menschlichem Halbwissen geprägt sein. Es ist aber auch möglich, dass man Verbindung zu einem »Lehrer« oder sehr weit fortgeschrittenen geistigen Wesen bekommt, wie es beispielsweise Jane Roberts und Sanaya Roman gelungen ist.

Manche Wesen aus der geistigen Welt haben noch ihre irdischen Launen. Daher sind nicht alle Antworten zutreffend, und es kann sein, dass Sie große Ausdauer und viel Durchhaltevermögen brauchen, bis Sie auf eine Verbindung stoßen, mit der Sie sich gut fühlen und wo Sie die Themen besprechen können, die Sie interessieren. Die Suche nach einer solchen Verbindung lohnt sich vor allem dann, wenn die Kommunikation in die Tiefe gehen soll.

Auf die Frage, ob der Kontakt mit dem geistigen Wesen gut sei, kam in einer Sitzung im August 2002 folgende Antwort:

> *»Ich oder ein anderer? Für die Übermittlung ist es gleich. Dahinter muss jedoch ein Wesen mit eurer Wellenlänge stehen. Und ein Bedürfnis der Mitteilung, das Großes hervorbringen will, Bedeutendes für den Empfänger. Traut euch. Jetzt seid ihr online! Tiefen tun sich auf. Hier kann der eine hineinsehen, der andere macht die Augen zu. Tut mehr für euch. Viel Freude wartet auf euch. Seht her. Ein Mann lebt von euch getrennt. Er nimmt alles auf, er gibt es an euch weiter, wenn ihr danach fragt. Viel mehr Erfolgschance gibt es, wenn ihr die bekannten Betrachtungsmuster verlasst. Fragt!«*

Frage: *»Wie können wir mit ihm in Kontakt treten?«*

Antwort: *»Er ist ein Wesen. Werdet euch bewusst, das jene Ideen sehr nützlich sind. Die Dateninfos fließen dann unmittelbar.«*

Frage: *»Ist er ein Menschenwesen?«*

Antwort. *»Nein, er nennt sich Mann, er ist ein Teil von allen. Auch ihr habt ständig Kontakt. Wenn ihr das nicht spürt, so müsst ihr vertrauend danach fordern.«*

Die geistige Welt ist von einer unermesslichen Vielfalt, und es ist für jeden etwas dabei. Was vielleicht wie Reklame klingt, soll heißen, dass sich je nach Bedürfnis und Entwicklungsstufe des Fragenden ein passendes geistiges Wesen melden wird. In all den Berichten, auf die ich bei meinen Recherchen gestoßen bin, habe ich eines festgestellt: Die »gesendeten« Nachrichten passen sich dem Fragenden an. Menschen, die das Ouija Brett ganz oberflächlich und für den Alltag benutzen wollen, werden oberflächliche, alltägliche Antworten auf ihre Fragen bekommen. Menschen mit Ängsten werden Antworten bekommen, die durch ihre Ängste gefärbt sind. Menschen mit schlummernden medialen Fähigkeiten werden durch die Antworten mehr gefordert, wenn sie dies zulassen, und Menschen, die bereit sind, wirklich tiefsinnige Antworten zuzulassen, werden genau diese Antworten erhalten. Wie in der oben zitierten Botschaft so treffend ausgedrückt: Sie kommen mit einem Wesen in Kontakt, das auf Ihrer Wellenlänge liegt.

Ein immer wiederkehrender guter Kontakt erfordert ein Vertrauensverhältnis auf beiden Seiten. Warum ein Vertrauensverhältnis? Durch den direkten Kontakt mit einem geistigen Wesen kommt in Sitzungen viel Persönliches zur Sprache, vor allem seitens des Fragenden. Der Teilnehmer an einer Sitzung hofft, dass er den Antworten auch vertrauen kann. Es ist nicht immer gesagt, dass Antworten richtig sind, vor allem wenn man mit dem Kontakt, den man durch das Ouija Brett hergestellt hat, noch keine Erfahrung gemacht hat. Persönliche Nachrichten sollten am nächsten Tag immer noch einmal gelesen und durchdacht werden. Es kann sein, dass man zum Zeitpunkt der Übermittlung sehr emotional war und die Nachricht nicht in ihrer ganzen Kraft oder Klarheit verstanden hat.

Man sollte auch bedenken, dass viele Probleme, die uns so beschäftigen, wie Liebesbeziehungen, Geld, finanzielle Sicherheit, Arbeit und so weiter, für Wesen der geistigen Welt gar nicht mehr zählen, weil diese Probleme an Raum und Zeit und damit an unsere Welt gebunden sind. Kein geistiges Wesen muss sich beispielsweise über ein überzogenes Girokonto Sorgen machen. Aus diesem Blickwinkel gesehen werden manche Antworten besser verständlich. Manche Aspekte des menschlichen Seins sind den geistigen Wesen bisweilen einfach lästig, denn es ist nur natürlich, dass sie kein sehr großes Interesse mehr an der materiellen Welt haben, jedenfalls nicht so, wie sie sich für uns darstellt. Für sie ist diese Welt lediglich ein Ort, an dem persönliche Entwicklung möglich ist. Die Grenzen, die unsere – im Vergleich zum Universum – enge Welt setzt, sind für geistige Wesen nicht mehr ohne weiteres nachvollziehbar, denn sie haben diese Grenzen hinter sich gelassen. Man braucht also Geduld, um den Ratgeber zu finden, der sich auf praktische, materielle Bedürfnisse einlässt und bereit ist, ganz persönliche Fragen zu diesen Themen richtig zu beantworten.

Das Ouija Brett ist ein Tor zu einer anderen Welt, aus der wir Einsichten und Wissen beziehen und wunderbare Ratschläge für das eigene Leben erhalten können. Mit etwas Glück kann man sogar sehr interessante Persönlichkeiten treffen, zum Beispiel Karl den Großen.

Bei einer Ouija Brett-Sitzung im August 2001 kam ganz unerwartet diese Nachricht durch:

> *»Ich wollte nicht warten. Ich habe schließlich ein Wegerecht. Du hast über meinen Mord an den Sachsen gelesen. Ja, ich habe sie hinrichten lassen, weil ich damals nicht besser wusste meine Autorität für immer durchzusetzen. Die Sachsen haben mich auch bis aufs Äußerste provoziert. Heute weiß ich, dass es falsch war, aber leider haben Menschen immer noch nicht viel gelernt. Wir kommen mit so vielen guten Vorsätzen in diese Welt und doch bleiben die meisten auf der Strecke.«*

Frage: *»Wie steht es um dich?«*
Antwort: *»Um meine Seele steht es gut, ich hatte große Probleme mit meiner Seele wegen der Sachsen. Ich habe viel für das Christentum getan, ich hätte mehr für die Seele tun sollen …«*

Plötzlich kam jemand anderer durch, der sich Memekel nannte:

> *»Als Hofbeamter seiner Majestät war es immer sehr hektisch. Seine Majestät ist ein sehr aktiver Mann, immer wieder neu für Überraschungen. Es ist unmöglich sich in Ruhe zurückzuziehen. Aber es ist aufregend. Ich denke seine Majestät hat in Sachsen das Beste für das ganze Land gewollt und er war die Kampagnen müde, die er immer wieder wegen der Sachsen führen musste. Es war unsinnig natürlich, aber damals glaubten wir an Schwert und Feuer. Die Schlachten waren grausam und die Unterkünfte grässlich kalt, nass, einsam, immer die Angst vor dem Tod, und möglicherweise einem grausamen Tod. Die Priester waren selten eine Freude. Die meisten predigten ewige Verdammnis, auch das ist natürlich wiederum völliger Unbill. So machten wir vieles falsch, aber für die Zeit auch vieles richtig …«*

Nach einem Besuch in Aachen hatte ich mich zu dieser Zeit ein wenig mit der Geschichte Karls des Großen beschäftigt, aber auf einen solchen Text war ich nicht vorbereitet gewesen. Daher war ich sehr erfreut.

Wenn Sie vor Beginn einer Sitzung fest vorhaben, mit einem verstorbenen Familienmitglied Kontakt aufzunehmen, ist es sehr wahrscheinlich, dass dieser Kontakt auch zustande kommt oder dass jemand durchkommt, der für dieses Familienmitglied spricht. Solche Kontakte sind in einer Ouija Brett-Sitzung leichter herzustellen, wenn noch eine tiefe emotionale Bindung zwischen einem oder mehreren Teilnehmern an der Sitzung und dem Verstorbenen besteht. Wenn Sie sicher sein wollen, dass Sie sich wirklich mit einem verstorbenen Verwandten unterhalten, fragen Sie nach Details aus dessen vergangenem Leben, über die nur der Verstorbene Bescheid wissen kann und die im Kreis der Anwesenden noch nicht diskutiert wurden. Es ist auch möglich, dass gewisse Redewendungen so typisch für die verstorbene Person sind, dass kein weiterer Beweis gebraucht wird.

Auf die Frage, ob man mit verstorbenen Verwandten in Verbindung treten kann, kam in einer Sitzung im August 2002 folgende Antwort durch:

> *»Wenn die Verwandten es wollen, das bestimmt nicht ihr! Das muss jeder Verwandte selbst entscheiden!«*

Wenn eine Verbindung mit einem Verwandten nicht zustande kommt, sollte man keine voreiligen Schlüsse ziehen oder sich vielleicht sogar zurückgesetzt fühlen. Wir wissen viel zu wenig über die geistige Welt, um sagen zu können, warum ein Familienmitglied keinen Kontakt aufnehmen kann oder will. Wir wissen nicht, auf welcher geistigen Entwicklungsstufe sich dieses ehemalige Familienmitglied befindet. Vielleicht bereitet es sich schon wieder auf ein neues Erdenleben vor. Oder es gibt andere Gründe, die wir uns gar nicht vorstellen können. Die Entscheidungen der geistigen Wesen können nicht an unseren Emotionen gemessen werden. Unsere Gefühle sind für diese Erde zutreffend und können nicht ohne weiteres auf die geistige Welt übertragen werden.

Man kann während einer Sitzung aber auch Fragen stellen, die nahe Verwandte betreffen, ohne mit ihnen Kontakt aufzunehmen. Hier ein Beispiel:

Frage: *»Ich war am Sonntagmorgen am Grab meines Onkels. Weiß er davon und wie sah er das?«*
Antwort: *»Ich kenne den Geist und die Seele von dem, den du meinst. Er wusste, dass du kommst. Er sieht auch deine Mutter. Er anerkannte, dass du trotz Zeitknappheit zu Fuß dort warst. Er will dich mit guten Gefühlen unterstützen, ohne dich zu bevormunden! Alles, was du tust, ist in Ordnung. Tausend Dank von dieser Seele!«*

Es kann natürlich auch sein, dass ein verstorbenes Familienmitglied unbedingt mit einem der Teilnehmer sprechen möchte. Wenn eine solche Kontaktaufnahme für den Betreffenden sehr aufwühlend war, sollte man diesen Menschen nach der Sitzung auf keinen Fall allein lassen, sondern ihm die Möglichkeit geben, über das Erlebte zu sprechen und darüber, wie es ihn berührt hat. Auf diese Weise kann er sich wieder beruhigen und die Erfahrung aus der Perspektive des gesunden Menschenverstandes betrachten.

Eine Garantie dafür, dass man verstorbene Verwandte erreichen kann, gibt es natürlich nicht. Auf die Frage »Ist da jemand« melden sich in den meisten Sitzungen geistige Wesen, die keine persönliche Beziehung zu einem der Anwesenden haben, wie diese Sitzung vom Juni 2002 beweist:

Frage: *»Du hast uns noch nie besucht.«*
Antwort: *»Ich bin immer bei euch. Die anderen Wesenheiten auch, wir nehmen keinen Raum in Anspruch, alle sind immer überall rat! rat! Wenn ihr mich fühlt, seid ihr offen! So fragt.«*

Manchen Menschen fällt die Kontaktaufnahme über das Ouija Brett sehr leicht, für andere wiederum ist sie sehr schwierig. Das hat etwas mit der inneren Haltung zu tun. Wenn Sie sich im tiefsten Inneren Ihres Herzens vor einem Kontakt mit Wesen aus der geistigen Welt fürchten, werden Sie diesen Kontakt nicht, nur sehr schwer oder nicht zufriedenstellend herstellen können.

Die folgende Nachricht wurde im Juni 2002 durch das Ouija Brett diktiert:

> *»Heute bin ich unerreichbar! Wie ein Renner hinter der Kurve! Holt mich zurück, los! Habt Mut! Jeder wird in ganzen Teilen kommen. Jeder ist Teil des Teiles von dem Erschaffer! Lest auch die Meinungen von Naturwissenschaftlern!«*

Ich bin immer wieder fasziniert von dem Humor, den so viele geistige Wesen haben. Ich glaube, es sind immer eher wir, die so ehrfürchtig vor dieser geistigen Welt stehen und es uns deshalb nicht erlauben, mit Wesen, die von dort kommen, ganz normal umzugehen. Oft halten wir jede Aussage, die sie machen, für der Weisheit letzten Schluss, für eine Weisheit, die auch wir uns erarbeiten sollen. Wesen aus der geistigen Welt haben den größeren Überblick, jedenfalls die meisten von ihnen. Was sie nicht mehr haben ist unser weltliches Gebaren. Das heißt aber nicht, dass wir uns unseres weltlichen Gebarens schämen oder uns deswegen selbst zurechtweisen müssen. Schließlich sind wir auf dieser Welt, um genau diese Erfahrung zu machen. Auch die meisten geistigen Wesen waren einmal auf dieser Welt, um Erfahrungen zu machen, die viele von uns am liebsten verleugnen würden, weil sie sich so gern erleuchtet fühlen möchten. Mir wäre es lieber, wenn wir den Umgang mit den geistigen Wesen, der uns durch das Ouija Brett ermöglicht wird, als eine Bereicherung betrachten würden, welche die Erfahrungen, die wir in unserer Welt machen, in keiner Weise schmälert. Denn egal wie schön oder schmerzhaft diese Erfahrungen sind oder waren, es sind wichtige Erfahrungen, die wir auf dieser Erde machen wollen und die wir anerkennen sollten, solange wir hier sind. Ein geistiger Austausch zwischen Hier und Dort ist das Erstrebenswerte bei einer Ouija Sitzung, denn auch wir haben Erfahrungen und Erkenntnisse zu bieten.

Da wir aber zuerst den Kontakt suchen, treffen wir, wenn er zustande kommt, auf die unterschiedlichsten Typen, zum Beispiel auf Elfen, wie in dieser Sitzung vom Mai 2002:

»Gutn, Abend fangt nicht ohne mich an! Ich gehe euch nicht auf den Wecker! Also hoert! Hole das Buch über Liebe toenerndes Zer! So begann Temelin unser Haus ist in Westholland seht die vielen Tulpen! Sie leben voller Stress und sehr kurz – Dann sind sie wieder ein Teil der Blumenerde ginge der Kreislauf einfach so weiter – aber den Blumen wird Chemie gegeben – sie leiden an den Nebenwirkungen – seht euch lieber natuerliche Felder und Gartenblumen an! Tut den Kunstblumenmarkt aus Holland nicht unterstuetzen! Alles hat seine Zeit – wenn ihr Tulpen wollt, wartet auf deutsche Blumen und Elfen freuen sich!«

Frage: *»Bist du eine Elfe?«*

Antwort: *»Manchmal und manchmal ein Philosoph – beides ergänzt sich.«*

Frage: *»Bist du ein philosophische Elfe?«*

Antwort: *»Nein, nur ganz das eine! Tauscht Gefühle von der Natur! Tischbeine sind nicht so lebhaft – eine Wildblume steht euch näher – aber Tischbeine sind auch Teile des Universums!«*

Frage: »*Was weißt du über Elfen?*«

Antwort: »*Elfen sind ein sichtbarer Teil von uns allen – lege dich nicht so fest auf die irdische Elfenmeinung – es gibt kein Wesen, das nur Elfe ist – es ist nur der elfische Teil – bei manchen ist er so stark, dann sieht man also ihr Menschen ihn.*«

Anscheinend haben die Isländer doch Recht mit ihrer Überzeugung, dass es Elfen gibt. Aber auch Engel sind keine Unbekannten. In einer Sitzung, die wir im Juni 2002 während eines Gewitters abhielten, hatte unsere Kontaktperson dies über die Folgen eines Gewitters zu sagen:

> »*Keiner soll sagen, Lichtgestalten wären eine Subspezie der Engel.*
> *Gefällt euch der Gedanke, Engel seien keine Lichtbringer? Halt! Hier gibt es für euch bisher unbekannte Erkenntnisse! Blitze sind Spaltungen der Dimensionen – es geschehen Zeitsprünge – Welten blitzen und erleuchten kurz die Möglichkeitsebene! Teile anderer Wirklichkeitsebenen kommen in eure Dimension! Denkt diese Ereignisfelder für eure Umgebung durch!*
> *Wonnegestalten könnten entstehen oder bestimmte Wesen nehmen andere Bewusststeinsformen an! Hier ist das Ende der heutigen Information. Glück auf!*«

Diese wunderbare Erklärung des Gewitters kann dazu beitragen, dass auch dieses Naturereignis in Zukunft neu betrachtet wird.

Die während einer Sitzung empfangene Botschaft wird nicht immer unbedingt in deutscher Sprache übermittelt. Es kann Ihnen passieren, dass Wörter in Spanisch, Französisch oder Latein diktiert werden oder in irgendeiner anderen Sprache. Das macht natürlich nur dann Sinn, wenn Sie die Wörter auch entziffern können oder wenn Ihnen die Übersetzung mitgeliefert wird.

Bleiben Sie während einer Ouija Brett-Sitzung offen für alles, was kommt. Sie können auf diese Weise die unterhaltsamsten Gespräche führen, seien sie persönlicher oder philosophischer Natur. Das macht ein Text aus einer Ouija Brett-Sitzung vom August 2002 sehr schön deutlich:

> *»Loslassen liegt in der Luft. XL in allen euren Wünschen! Zu gern würde ich bei euch auf der Erde leben. Ihr könnt Materielles bewegen! Ohne euch der Helfer zu bedienen! Lasst diese Möglichkeit hoch im Kurs! Unsere Fähigkeit sind mehr in Gedanken und Gefühlen! Kämmt eure Möglichkeiten nach unversuchten Gelegenheiten und ungeahnten Fähigkeiten durch! Gmalg ist nicht genug für euch! Tischerücken muss nicht sein! Willkommen im Bund der Tatkräftigen – Treffer! Viele Freude wartet und will abgerufen werden! So!«*

Frage: *»Was sind unversuchte Gelegenheiten?«*
Antwort: *»Wie geht was besser und trefflicher? Ja, ja.«*
Frage: *»Bitte noch weiter erklären.«*
Antwort: *»Tief in die Gefühls- und Wunschkiste einsteigen! Ja, ja.«*
Frage: *»Negative Gefühle, nicht nur positive?«*
Antwort: *»Herauslassen möglich! Nun ade.«*

Ein Kontakt kann mehr oder weniger stark sein. Manchmal bewegt sich die Planchette nur sehr langsam und die Antworten kommen eher zögerlich. Ein guter Kontakt ist da, wenn sich die Planchette gleichmäßig und ohne lange

Pausen von Buchstabe zu Buchstabe bewegt oder wenn der Kontakt auf eine Frage wie »Das Wort habe ich nicht verstanden« das Wort neu buchstabiert. Es ist auch möglich, dass sich während des Buchstabierens plötzlich ein anderes Wesen einschaltet und die Kommunikation übernimmt, und es ist weiterhin denkbar, dass Sie es in einer Sitzung mit mehreren geistigen Wesen zu tun haben. Gesetzt den Fall, Sie möchten unbedingt eine persönliche Angelegenheit klären, bekommen auf Ihre Fragen aber immer nur unleserliches Buchstabengewirr. Dann sollten Sie es einmal mit der Frage versuchen, was Ihr Kontakt Ihnen erzählen will. Vielleicht tauchen dann plötzlich zusammenhängende Wörter aus dem unleserlichen Buchstabensalat auf.

Die geistige Welt ist eine neutrale Welt. Die Wesen, die dort leben, haben Emotionen, wie wir sie kennen, hinter sich gelassen. Sie beantworten unsere Fragen so, wie sie sich aus ihrer Sicht darstellen, und wir müssen entscheiden, wie das bei uns ankommt. Ein Dialog über Gefühle, Erfahrungen, Ziele und alles, was das Wachstum einer Seele betrifft, kann mit geistigen Wesen sehr viel leichter geführt werden. Emotionale Themen sind deshalb ergiebiger als rein praktische, materielle und können das eigene Leben um wichtige neue Einsichten bereichern.

Nach Auskunft verschiedener geistiger Wesen sind persönliche Antworten, die durch das Ouija Brett kommen, immer so formuliert, dass sie für die betroffene Person absolut verständlich sind, nicht unbedingt aber auch für die anderen Teilnehmer an der Sitzung. Aus diesem Grund kann es sehr gut sein, dass andere anwesende Personen die gegebene Antwort nicht verstehen. Das macht sie aber keineswegs ungültig, sondern zeigt lediglich, wie verständnisvoll ein geistiges Wesen sein kann und wie gewissenhaft es sich in die Problematik des Fragenden einfühlt. Das Ziel scheint immer zu sein, dem Fragenden wirklich zu helfen und nicht nur allgemein gültige Antworten zu geben. Das jedenfalls ist meine Erfahrung.

Sie müssen aber keineswegs immer nur tiefsinnige psychologische Probleme erläutern, sondern können dem Ouija Brett auch ganz einfache Fragen stellen. Wenn Sie noch nicht viel Erfahrung haben, bitten Sie das geistige Wesen, Ihre Fragen mit Ja oder Nein zu beantworten, und stellen Sie sie so, dass dies auch möglich ist. Wenn Sie fragen, ob Sie in den von Ihnen avisierten Urlaub fahren sollen, und die Antwort lautet »nein«, dann sollten Sie sich diese Antwort am nächsten Tag noch einmal genau ansehen. Haben Sie auch gefragt warum? Oder haben Sie das vor lauter Aufregung vergessen? Das Warum würde Ihnen nämlich noch mehr Aufschluss geben als das reine Nein. Waren Sie schon öfter in Kontakt mit diesem geistigen Wesen oder war dies der erste Kontakt? Wenn es der erste Kontakt war, können Sie nicht sicher sein, ob nicht vielleicht Ihr innerer Wunsch die Frage beantwortet hat. Vielleicht wollen Sie in Wirklichkeit gar nicht fahren. Das sind Fragen, die man sich stellen sollte, bevor man Entscheidungen für eigene künftige Handlungen akzeptiert, die über das Ouija Brett gekommen sind. Akzeptieren Sie solche Aussagen nicht einfach blind.

Alle Nachrichten und Auskünfte sollten mit dem Respekt behandelt werden, der den geistigen Wesen gebührt, die Ihnen die Auskünfte gegeben haben. Übergroße Ehrfurcht ist allerdings nicht angebracht. Immerhin könnten auch Sie sich eines Tages über ein Ouija Brett mit Menschen auf der Erde unterhalten.

Es kann Ihnen natürlich auch passieren, dass Sie auf ausgesprochene»Spaßvögel« treffen, die beispielsweise einmal wild über das Brett fahren und dann wieder eine anscheinend »vernünftige« Antwort geben oder Ihnen Antworten geben, die in keinem Zusammenhang mit der Frage oder dem Thema stehen. Wenn Sie einem solchen Wesen begegnen, sollten Sie erst gar nicht versuchen, es »zur Vernunft« zu bringen, indem Sie es auffordern, richtige Antworten zu geben. Das einzig Richtige, was Sie in einem solchen Fall machen können, ist, den Kontakt zu beenden. Sie brauchen weder Angst zu haben noch sich Sorgen zu machen. Sie haben immer die Kontrolle, denn Sie können eine über das Ouija Brett hergestellte Verbindung jederzeit abbrechen und es liegt letztendlich bei Ihnen, ob Sie einen Kontakt aufrechterhalten oder nicht.

Auch wenn Sie Drohungen oder bedrohliche Voraussagen erhalten, sollten Sie das Brett weglegen. Sagen Sie laut und deutlich, dass Sie mit möglichen Unfällen oder sonstigen unerfreulichen Dingen nichts zu tun haben möchten, und dass Sie, wenn doch etwas dergleichen durchkommt, das Ouija Brett nie mehr benutzen werden. Brechen Sie den Kontakt sofort ab. Lassen Sie sich keine Entscheidungen aus der Hand nehmen, auch wenn sie aus der jenseitigen Welt kommen, und lassen Sie sich nicht emotional einbinden.

Gespräch mit dem Unterbewusstsein

Eine interessante Variante des Umgangs mit dem Ouija Brett ist die Möglichkeit, es für ein Zwiegespräch mit sich selbst zu nutzen. In Büchern, die sich mit dem Ouija Brett beschäftigen, wird unter anderem immer wieder darauf hingewiesen, dass man während einer Sitzung möglicherweise gar nicht mit einem geistigen Wesen spricht, sondern vielmehr mit seinem eigenen inneren Selbst. Das kann, vor allem in Sitzungen, die man allein durchführt, sicherlich vorkommen, allerdings ohne dass man sich dessen bewusst ist. Es ist auch möglich, dass während einer Sitzung mit mehreren Teilnehmern das Unterbewusstsein eines Teilnehmers eine Nachricht übermittelt, ohne dass dies sofort bemerkt würde. Warum sollte man also nicht ganz gezielt ein Gespräch mit dem eigenen inneren Selbst führen? Ihr Geist, Ihre Seele, Ihr innerstes Selbst ist ein Teil von Ihnen und gleichzeitig ein Teil des Universums. Das bedeutet, dass Ihr innerstes Selbst frei und unabhängig ist und sich ungehindert zwischen den Welten bewegen kann. Ihr innerstes Selbst, Ihr Unterbewusstsein hat Zugang zu Ihren ganz persönlichen Wünschen, Ängsten und Zielen. Hier werden Freuden und Probleme verarbeitet, hier werden Schwierigkeiten angenommen, von hier werden Lösungen angeboten, manchmal in Träumen, manchmal in Form von plötzlichen Eingebungen. Unser Bewusstsein ist die Schnittstelle und der Vermittler zwischen unserer physischen und der geistigen Welt, die uns über das Unterbewusstsein erreicht. Das Bewusstsein gibt uns die Möglichkeit, Fragen zu stellen und Dinge abzuwägen, zu messen und zu erforschen, sowohl in der realen als auch in der für uns unsichtbaren geistigen Welt. Unser Bewusstsein funktioniert, um es in der Sprache der heutigen Zeit zu sagen, wie eine Suchmaschine im Internet, der wir Fragen stellen, woraufhin die Gedanken ausgeschickt werden, um Antworten für uns zu finden. Unser Ich ist das, was uns mit all unseren Charaktereigenschaften so einzigartig macht. Aber auch das Ich steht nicht für sich allein, sondern ist eng mit dem Bewusstsein und dem Unterbewusstsein verbunden und hat damit Zugang zu dem unendlichen Wissen der geistigen Welt, das uns allen zur Verfügung steht, wenn wir danach fragen – zum Beispiel über das Medium Ouija Brett.

Warum ein Gespräch mit sich selbst?

Es gibt immer wieder Situationen im Leben, die man einfach nicht in den Griff bekommt. Oft weiß man dann selbst nicht mehr, warum jeder Lösungsversuch ins Nichts läuft und warum alles, was man anfasst oder versucht, zu einem unbefriedigenden Ergebnis führt. Alle Freunde haben gut gemeinte Ratschläge gegeben, aber keiner davon brachte die erhoffte Wende.

Ein Beispiel: Sie haben ein Problem mit einem Arbeitskollegen oder einer Arbeitskollegin und wissen nicht mehr, was Sie noch tun können, um dieses Problem zu lösen. Jeder Versuch, Klarheit zu schaffen, endet im Streit, und das Betriebsklima um Sie herum hat sich irgendwo bei Null eingependelt. Sie können die Schuld an dieser misslichen Situation jetzt zwar auf die Kollegen schieben, aber das würde Ihr Problem nicht lösen, sondern nur kurzfristig verlagern. Sie müssen einen ganz persönlichen Ansatz zur Bewältigung dieses Problems finden. Eine Sitzung mit dem Ouija Brett kann Ihnen dabei helfen, indem sie Ihnen einen besseren Überblick über Ihr Dilemma verschafft. Jeder Rat, den Sie von einem anderen Menschen bekommen, ist immer auch von dessen persönlicher Erfahrung geprägt, egal wie neutral sich der Ratgeber verhalten mag. Kein anderer Mensch kann sich wirklich ganz in die Problematik einfühlen, da jeder eine Krise aus seiner ganz persönlichen Perspektive betrachtet und vor dem Hintergrund der eigenen Erfahrungen angeht. Sie könnten dem Ouija Brett in diesem Fall beispielsweise folgende Fragen stellen: »Warum habe ich Probleme mit meinen Kollegen?« oder »Gibt es eine Möglichkeit, gut mit meinem Kollegen auszukommen? Wenn ja, welche? Wenn nein, warum nicht?« und »Was trage ich zu den Problemen bei?« All das sind Fragen, die man einem anderen Menschen nicht stellen möchte, weil einem möglicherweise die Antwort nicht gefällt, die man dann bekommt, oder weil man sich angegriffen fühlt, wenn einem der andere bescheinigt, dass man zu stur oder zu uneinsichtig ist.

Ein anderes Beispiel: Sie stecken mitten in einer Ehekrise und fragen andere um Rat. Wer selbst eine gute Ehe führt, wird Ihnen nun raten, nicht sofort das Handtuch zu werfen, sondern sich Mühe zu geben und vielleicht professionelle Hilfe in Anspruch zu nehmen. Im Gegensatz dazu wird Ihnen derjenige, der selbst eine traumatische Ehe hinter sich hat, raten, sich nichts mehr gefallen zu lassen und ihn oder sie vor die Tür zu setzen, denn schließlich könne man auch sehr gut allein leben. Einer dieser beiden Ratschläge könnte für Sie richtig sein, aber welcher? Ihre eigenen Gefühle sind mittlerweile so aufgeheizt, dass Sie überhaupt nicht mehr in der Lage sind, eine vernünftige Entscheidung zu treffen. Sie wissen schon gar nicht mehr, was Sie wirklich wollen. In dieser Situation können Sie sich über das Ouija Brett zum Beispiel fragen: »Was halte ich von meiner Ehe?«

oder »Was ist mir meine Ehe wert? Möchte ich sie retten? Was habe ich zu dieser Ehekrise beigetragen?« Das sind Fragen, die man nur sich selbst beantworten kann, und zwar möglichst unbeeinflusst von »guten« Ratschlägen.

Ein weniger dramatisches Beispiel: Sie schlafen gern lange und kommen morgens nicht aus dem Bett. Ihre Familie sagt, Sie seien faul, Sie müssten nur wollen und vieles mehr, was es in solchen Fällen zu sagen gibt. Fragen Sie doch einmal das Ouija Brett, warum Sie morgens nicht aus den Federn kommen. Es kann gut sein, dass Sie eine überraschende Antwort bekommen. Vielleicht ist dies ihr natürlicher Lebensrhythmus und Sie hören einfach nur auf Ihre innere Stimme. Aber vielleicht gibt es noch ganz andere Gründe, die mit Faulheit ebenfalls nichts zu tun haben.

Ihr Unterbewusstsein kann Ihnen also durch das Ouija Brett Auskunft über Ihre Motivation geben. Das ist eine ganz wunderbare Sache, denn wir lügen uns gern in die eigene Tasche. Im Laufe unseres Lebens haben wir gelernt zu sein, was wir möglicherweise gar nicht sind; Dinge zu tun, die wir eigentlich gar nicht tun möchten, und trotzdem vorzugeben, dass uns das alles Freude bereitet. Irgendwann können weder Außenstehende noch die engsten Familienmitglieder mehr zwischen Schein und Sein unterscheiden, geschweige denn man selbst. Aber früher oder später fällt eine solche Handlung auf einen selbst zurück mit dem Gebot, die Dinge wieder ins Reine zu bringen, weil man auf diese Weise gegen sich selbst lebt. Das Ouija Brett ist also ein exzellentes Instrument, wenn es darum geht, sich Klarheit über die eigene Motivation zu verschaffen, denn seine Antwort ist immer neutral und nur für den Fragenden von Bedeutung. Das Unterbewusstsein äußert keine moralischen Be- oder Verurteilungen. Die Antwort, die wir auf diese Weise bekommen, ist immer auf den Punkt gebracht, aber ohne jede Wertung.

Wir wissen im Grunde unseres Herzens genau, wann etwas in unserem Leben nicht stimmt, und wir wissen auch, welche Überzeugungen und Glaubenssätze uns antreiben, aber leider ist dieses Wissen in den Abgründen der eigenen Vorurteile oder Ängste verloren gegangen. Im Selbstgespräch über das Ouija Brett kann man solche Vorurteile oder versteckten Glaubenssätze schneller ausfindig machen als in langen Gesprächen oder durch dauerndes Grübeln. Das Ouija Brett ist ein gutes Medium, um Klarheit in einen verworrenen Gedankengang zu bringen.

Ein anderes Beispiel: Sie haben Geldprobleme, die Sie nicht in den Griff bekommen. Das Ouija Brett kann Ihnen Ihre eigene verborgene Einstellung zum Thema Geld aufzeigen, wenn Sie fragen: »Wie denke ich über Geld?« Möglicherweise bekommen Sie zu hören, dass Sie Geld verachten und eigentlich nichts damit zu tun haben wollen. Vielleicht glauben Sie, es nicht verdient zu haben, während jemand anderer mit dem gleichen Problem der Ansicht ist, Geld sei nur etwas für besonders ausgewählte Menschen, und er gehöre nicht dazu. Vielleicht haben Sie den falschen Beruf oder sind am falschen Arbeitsplatz. Die Möglichkeiten sind ebenso vielfältig wie die persönliche Motivation oder die eigenen Glaubenssätze zu diesem Thema. In einer Sitzung mit dem Ouija Brett ist es sehr wohl möglich herauszufinden, was auf Sie persönlich zutrifft.

Noch ein Beispiel: Nehmen wir an, Sie müssen umziehen, haben aber Angst vor diesem Umzug, vielleicht weil Sie Ihr Zuhause nicht aufgeben wollen, vielleicht weil Sie sich vor dem Neuen fürchten, genau wissen Sie es aber nicht. Wenn Sie in der Familie oder im Freundeskreis über diese Angst sprechen, werden Sie entweder ausgelacht oder man stimmt Ihnen zu, je nach Erfahrung und Verständnis des jeweiligen Gesprächspartners. In jedem Fall ist die Reaktion von der Erfahrung des Zuhörers geprägt. Vielleicht können Sie Ihre Ängste auch gar nicht so richtig in Worte fassen oder wollen es nicht. Ich denke, wir alle halten viel von dem zurück, was uns im tiefsten Inneren bewegt. Man gibt sich ungern ganz preis, denn damit macht man sich verletzbar. Das bedeutet aber auch, dass die Antworten, die wir von anderen auf ganz persönliche Fragen bekommen, und sei es in der besten Absicht, für die eigene Person nie wirklich ganz zutreffend sein können. Das Ouija Brett ist ein wunderbares Medium für so intime persönliche Fragen. Die Antworten, die wir auf diese Weise erhalten, sind oft verblüffend einfach und zutreffend. Vor allem aber zeigen sie, dass die eigenen Bedürfnisse klar erkannt wurden.

Wenn Sie Ihr Unterbewusstsein durch das Ouija Brett fragen, warum Sie beispielsweise Angst vor dem Umzug haben, werden Sie sehr wahrscheinlich eine ganz andere Antwort bekommen, als sie der Verstand geben würde, denn mit Hilfe des Ouija Bretts dringen Sie in die tieferen Schichten des Unterbewusstsein vor, wo viele unserer Ängste ihr verborgenes Dasein fristen. Hier warten auch unsere nicht gestellten Fragen und ihre Antworten darauf, dass wir sie abrufen. Manchmal ist es bereits hilfreich, wenn man durch das Ouija Brett bestätigt bekommt, dass die Angst für einen selbst real ist und nicht etwa ein Hirngespinst, etwas Nebelhaftes, Eingebildetes. Real ist die Angst selbst dann noch, wenn das rationale Denken sie als unlogisch bezeichnet.

Hinter all unserem Handeln und all seinen Folgen verbirgt sich unsere ganz eigene Motivation und Erwartungshaltung. Wenn Sie ständig unzufrieden sind und in Ihrem Leben nicht das erreichen, was Sie sich erhofft haben, sollten Sie sich genauer mit Ihrer eigenen Motivation und Erwartungshaltung beschäftigen. Mit Erwartungshaltung ist hier nicht das gemeint, was wir mit unserem Verstand erklären können, sondern vielmehr die ganz persönliche Erwartungshaltung, die von den Erfahrungen des eigenen Lebens geprägt wurde. Im Laufe der Zeit ist man sich dieser Haltung gar nicht mehr bewusst. Sie ist einfach da – unverrückbar. So eine versteckte, unerkannte oder auch verleugnete Erwartungshaltung färbt eigene Entscheidungen, löst sie aus oder verhindert sie. Eine Nachfrage über das Ouija Brett kann Aufschluss über die eigene Einstellung zu einem bestimmten Problem, aber auch zum Leben ganz allgemein geben.

Frau H. hat meinen Rat befolgt und sich über das Ouija Brett als Medium mit Ihrem Unterbewusstsein in Verbindung gesetzt. Sie war beruflich in eine Sackgasse geraten und sah keinen Ausweg aus ihrer Unzufriedenheit mit ihrem Arbeitsplatz. Das Ouija Brett vermittelte ihr, sie habe Ihre wahre Bestimmung aus den Augen verloren und fürchte sich vor der Aufgabe, der sie sich eigentlich widmen sollte. Nachdem sie eine Weile über diese Antwort nachgedacht hatte, erzählte sie mir, dass sie eigentlich einen sozialen Beruf habe erlernen wollen, doch ihre Eltern hatten sie davon abgehalten, und zwar mit dem Argument, dass in einem solchen Beruf nicht viel zu verdienen sei. Man hatte ihr außerdem eingeredet, sie sei psychisch nicht in der Lage, sich mit den Problemen anderer Menschen auseinander zu setzen. Frau H. hatte immer schon gewusst, dass sie in ihrem Beruf als Sekretärin fehl am Platz war und nicht wirklich in ihrer Arbeit aufging. Doch ihre ursprünglichen Ambitionen hatte sie im Laufe der Jahre vergessen. Erst die Antwort des Ouija Brettes brachte diese Erinnerung zurück, und plötzlich fiel ihr auch wieder ein, dass man ihr angeboten hatte, als Sekretärin in einer Sozialhilfestation zu arbeiten, ein Job, der mit sehr viel persönlichem Engagement verbunden gewesen wäre. Sie hatte abgelehnt, weil das gebotene Gehalt nicht hoch genug war, obwohl Sie den Job gern angenommen hätte. In der Zwischenzeit hat sie ihre Einstellung und ihr Leben geändert und ist sehr viel ausgeglichener und fröhlicher geworden.

In diesem Fall war das Ouija Brett eine wichtige, wenn auch ungewöhnliche Lebenshilfe. Man darf allerdings nicht vergessen, dass man letztendlich selbst aktiv werden muss, wenn es darum geht, neue Erkenntnisse, die man aus der Kommunikation über das Ouija Brett gewonnen hat, zur Verbesserung des eigenen Lebens einzusetzen. Das Ouija Brett ist eine Hilfe, aber die Entscheidung kann es Ihnen nicht abnehmen. Wenn Sie nicht zur Tat schreiten, sondern nur wissen wollen, warum sich bestimmte Situationen in Ihrem Leben so und nicht anders darstellen, ist das auch in Ordnung. Die Entscheidung über das eigene Handeln liegt immer bei Ihnen selbst.

Wie aus dem oben genannten Beispiel hervorgeht, erhalten Sie durch das Ouija Brett Antworten, die sich auf Sie persönlich und auf Ihre Lebensumstände beziehen. Diese Antworten sind nicht allgemein gültig und können daher nicht einfach nach dem Motto »Was für mich funktioniert hat, muss auch für alle anderen richtig sein« auf einen Freund oder eine Freundin übertragen werden. Jeder Mensch hat seine ganz persönliche Motivation, die nach ganz persönlichen Lösungen verlangt.

Wie geht man vor?

Eine Sitzung, die dem Kontakt mit dem eigenen Unterbewusstsein gewidmet ist, wird am besten allein durchgeführt, damit keine andere Energie diesen Kontakt stören kann. Suchen Sie sich eine Zeit aus, in der Sie ungestört sind. Entspannen Sie sich, versuchen Sie innerlich ruhig zu werden. Schicken Sie alle Ihre Gedanken symbolisch in einer Wolke auf die Reise. Notieren Sie sich die Frage, die sie am meisten beschäftigt, bevor Sie anfangen.

Fragen Sie als erstes, ob Sie sich mit Ihrem Unterbewusstsein oder Ihrem inneren Selbst in Verbindung setzen dürfen. Wenn die Planchette auf »Ja« rückt, können Sie fortfahren. Die erste Frage und ein guter Einstieg könnte zum Beispiel sein: »Was will ich wirklich vom Leben (meiner Ehe, meinem Beruf, meinen Kindern)?« Alle weiteren Fragen können sich aus der Antwort auf diese Frage ergeben. Wenn Sie auf Ihre erste Frage keine Antwort oder Reaktion erhalten, formulieren Sie die Frage neu, vielleicht weniger kompliziert. Versuchen Sie, Ihre Fragen immer klar und unmissverständlich zu formulieren. Schreiben Sie sich die Antworten sofort auf und glauben Sie nicht, dass Sie sich später daran erinnern werden. Viel wahrscheinlicher ist, dass Sie mehr als die Hälfte in kürzester Zeit wieder vergessen haben. Weil Sie sich, während die Planchette die Wörter buchstabiert, so stark auf das Ouija Brett konzentrieren, sind Sie ganz auf die Buchstaben fixiert und können den Inhalt eines längeren Satz nicht behalten, wenn Sie ihn nicht sofort aufschreiben, obwohl er ihnen während des Lesens sonnenklar war. Während Sie schreiben, lassen sie die linke Hand leicht auf der Planchette liegen.

Eine solche Sitzung ist selbstverständlich nicht sehr erfolgreich, wenn Sie die Antworten schon wissen, das heißt, wenn Sie sich von vornherein auf eine Lösung oder Schuldfrage eingestellt haben, von der Sie nicht abweichen möchten. Es wird dann ein fast unmögliches Unterfangen, die Planchette einfach schreiben zu lassen. Ihre Vorurteile oder Ängste könnten Ihnen den Zugang zu einer wahren Antwort völlig versperren. Wenn Sie solche Schwierigkeiten haben, versuchen Sie es mit einer Frage, bei der Sie wissen, dass Sie auf die Antwort warten und sie auch zulassen können. Ob Sie eine Antwort aus Ihrem Unterbewusstsein letztendlich akzeptieren, ist natürlich immer Ihre eigene Entscheidung. Meine Erfahrung hat gezeigt, dass man intuitiv weiß, ob eine Antwort richtig ist oder nicht. Auf eine richtige Antwort reagiert man emotional, unabhängig davon, ob einem die Antwort gefällt und ob sie den eigenen Erwartungen entspricht. Wenn die Antwort einen Nerv getroffen hat, sollte man sich eine Weile damit beschäftigen und darüber nachdenken, vor allem dann, wenn ihre Bedeutung, wie im oben angeführten Beispiel von Frau H., nicht sofort ersichtlich ist. Es hat sich immer wieder gezeigt, dass diese Antworten verblüffende Lösungen enthalten, auf die man weder mit dem rationalen noch mit dem emotional gefärbten Verstand gekommen wäre.

Es kann Ihnen aber auch passieren, dass Sie auf die Frage, ob Sie sich mit der eigenen inneren Stimme oder dem Unterbewusstsein in Verbindung setzen können, ein Nein als Antwort bekommen. Dann sollten Sie die Sitzung nicht erzwingen, sondern es zu einem späteren Zeitpunkt noch einmal versuchen. Vielleicht waren Sie zu ängstlich, zu aggressiv oder so voller Vorurteile, dass eine Sitzung einfach keinen Sinn gemacht hätte. Es kann aber auch sein, dass Sie zu diesem Zeitpunkt noch nicht genügend vorbereitet waren.

Warum allein?

Sie müssen eine solche Sitzung, wenn sie erfolgreich sein soll, natürlich nicht unbedingt allein durchführen, sollten jedoch bedenken, dass Sie ihr Innerstes nach außen kehren werden, um wirklich gute Antworten zu bekommen. Die Anwesenheit einer anderen Person bringt immer ein gewisses Risiko mit sich. Nehmen wir einmal an, Sie haben sich im Grunde Ihres Herzens schon lange wieder einen Partner gewünscht. Nach außen hin haben Sie sich allerdings immer sehr unabhängig gegeben, als jemand, der allein glücklich ist. Eine Frage wie »Warum habe ich keinen Partner / keine Partnerin?« würde bei dem anderen Teilnehmer an der Sitzung vielleicht Erstaunen oder sogar Belustigung hervorrufen. Das bringt Sie in Erklärungsnot und unterbricht den Energiefluss. Dadurch wird der Kontakt eher oberflächlich, vielleicht sogar unmöglich. Es kann also durchaus sein, dass Sie weitere Antworten mit Ihrem Bewusstsein kontrollieren und keine tieferen Einblicke mehr zulassen.

Das kann natürlich auch passieren, wenn Sie allein mit dem Ouija Brett arbeiten und sich vor der Antwort auf die gestellte Frage fürchten. Ich höre immer wieder, dass Menschen Angst vor sich selbst haben, oder besser gesagt vor ihren innersten Gedanken, die sie auf gar keinen Fall ans Tageslicht bringen wollen. Diese Angst verstärkt die versteckten Befürchtungen natürlich noch und lässt sie am Ende sehr viel bedrohlicher erscheinen, als sie in Wirklichkeit sind. Ihre eigenen Ängste können Ihnen nichts anhaben, wenn Sie nicht ihnen entsprechend handeln. Erst Ihre Tat gibt einer versteckten Angst Form.

Im Zwiegespräch mit Ihrem Unterbewusstsein werden Sie also nur dann wirkliche Antworten bekommen, wenn Sie innerlich bereit sind, diese Antworten entstehen zu lassen, und sie nicht mit Ihrem Verstand beeinflussen.

Lassen Sie sich nicht entmutigen, wenn die ersten Versuche nicht gleich zu dem gewünschten Ergebnis führen. Eine solche Unterhaltung mit sich selbst will geübt sein. Man ist nicht unbedingt von vorneherein bereit, jede Antwort zuzulassen und muss zunächst Überzeugungsarbeit bei sich selbst leisten. Es kann zum Beispiel sein, dass einige Antworten am Anfang überhaupt keinen Sinn machen, oder dass man nur Antworten bekommt, die man bereits kannte. Nehmen Sie sich Zeit, haben Sie Geduld und üben Sie. Es lohnt sich.

Es ist nicht etwa so, dass Ihr Unterbewusstsein Ihnen die Antwort nicht geben könnte, aber die Antworten Ihres Unterbewusstsein müssen sich ihren Weg nach außen über Ihr Ego bahnen, und Ihr Ego wird einen Wandel Ihres Denkens nicht automatisch unterstützen. Unterschätzen Sie Ihren eigenen Widerstand nicht! Doch mit Beharrlichkeit und vor allem mit der inneren Bereitschaft zur Offenheit kann man sehr viel bewegen.

Was ist, wenn Sie Angst haben, eine Sitzung allein durchzuführen? Wenn Sie Angst vor dem Ungewissen haben oder Vorurteile, die Sie für unüberwindbar halten, rate ich Ihnen, die Sitzung nicht allein zu machen. Finden Sie eine Vertrauensperson, mit der Sie eine Sitzung abhalten können, und versuchen Sie, Ihre Vorurteile durch viel Übung abzubauen.

Ein hervorragender Nebeneffekt der Arbeit mit dem Ouija Brett besteht darin, dass Sie Ihre telepathischen und intuitiven Fähigkeiten auf diese Weise enorm erweitern können. Es ist unser Ego, das uns immer wieder davon abhält, unserer Intuition zu folgen. Das Ego hat seine festgefahrenen Ansichten und seine Gewohnheiten, von denen es nur sehr schwer abzubringen ist. Wenn man erfolgreich mit dem Ouija Brett und dem eigenen Unterbewusstsein arbeiten will, muss man zunächst lernen, das Ego beiseite zu schieben, damit man sich mit anderen Teilen des Selbst unterhalten kann. Das ist anfangs nicht so einfach. Das Ego ist der dominierende Teil unseres sichtbaren Selbst, den wir meist ungehindert gewähren lassen. Während einer Ouija Brett-Sitzung erwarten Sie Antworten aus Ihren tieferen Schichten, und dazu muss man lernen, das Ego »außen vor« zu lassen. Wenn das allerdings einmal gelungen ist, wird man feststellen, dass man deutlich feinfühliger geworden ist, dass man Dinge schon im Vorfeld weiß, dass man plötzlich besser hinhört und sich das Leben und die eigene Motivation genauer ansieht. Man hat gelernt, seine schlummernden intuitiven Fähigkeiten zu aktivieren. Dies bedeutet nicht, dass man plötzlich zum Hellseher geworden ist, sondern vielmehr, dass man sein Umfeld allmählich besser und bewusster wahrnimmt. Diese Fähigkeit, loszulassen und sich auf das Unbekannte einzulassen, wird jede Ouija Brett-Sitzung deutlich bereichern.

Doch was uns am meisten von der Erfüllung unserer Wünsche abhält, ist ein Gefühl, das wir nicht mehr als Gefühl einstufen, sondern als Realität wahrnehmen: die Angst.

Angst

Was ist Angst? Es gibt eine positive Angst, die uns vor echten Gefahren schützt, und eine negative Angst, die uns vor eingebildeten Gefahren warnt. Letztere ist das Resultat einer bestimmten Erziehung oder bestimmter Erfahrungen, die wir gemacht haben, und wird als absolut real empfunden. Diese Angst wird auch auf das Ouija Brett projiziert und durch dieses widergespiegelt. Angst ist eine Energie, der wir Form geben. Wie jede Energie geht sie nicht verloren, sondern ist jederzeit abrufbar. Wir können uns das vorstellen wie einen Lichtschalter. Wir wissen, wenn wir diesen Lichtschalter drücken, erscheint Licht. Obwohl wir dieses Licht im ausgeknipsten Zustand nicht sehen, wissen wir, dass die Energie jederzeit da ist und in Erscheinung treten wird, sobald wir den Schalter betätigen. Wenn Sie also ein Ouija Brett benutzen und dabei Ihre Ängste anknipsen, werden diese auch in Erscheinung treten.

Angst ist ein Gefühl, das die meisten von uns sehr gut kennen: Angst vor sich selbst, Angst vor dem Leben, Angst vor einer neuen Situation, Angst vor einer unbekannten Erfahrung. Jeder hat seine ganz persönliche Angst. Oft wird uns die Angst schon in der Kindheit beigebracht, zum Beispiel von gut meinenden Eltern und Verwandten, die uns warnen, nicht zu viel zu wagen und uns nicht auf das Unbekannte einzulassen. Wir sind uns gar nicht bewusst, wie viele Ängste wir mit uns herumschleppen, weil wir sie als selbstverständlich hinnehmen und uns meist keine Gedanken darüber machen. Eine gesunde Angst ist ein gutes Hilfsmittel, das uns vor Gefahren warnt und verhindert, dass wir Schaden nehmen. Das kann jeder Extremsportler bestätigen. Die positive Angst hält ihn zwar nicht von seinem Vorhaben ab, aber sie sorgt dafür, dass er sich umsichtig verhält und sich stets bewusst ist, dass der kleinste Fehler sein Ende bedeuten kann.

Demgegenüber ist die Angst, mit der sich die meisten Menschen herumschlagen, eine negative Energie, weil sie verhindert, dass diese Menschen ihr Potenzial voll ausleben. Wenn Sie mit dieser Art von Angst zu kämpfen haben, versuchen Sie zunächst herauszufinden, wovor genau Sie Angst haben. Alle Ängste haben einen Ursprung, der nicht offensichtlich und sehr individuell ist. Man kann Ängste nicht verallgemeinern. Ängste sind Gefühle, denen Sie erst durch Ihre Taten Ausdruck verleihen. So effektiv sind sie vor allem deshalb, weil sie sich versteckt halten.

In einer Ouija Brett-Sitzung können diese versteckten Ängste plötzlich ans Licht kommen und sehr erschreckend sein. Wenn Sie mit mehreren Personen an einem Ouija Brett sitzen, müssen Sie sich vorstellen, dass all diese Personen ihre versteckten Ängste haben. Eine negative Nachricht, die bei einer solchen Sitzung durchkommt, muss also nicht unbedingt von einem geistigen Wesen oder aus Ihrem Unbewussten kommen, sondern kann auch Ausdruck des inneren Zustands eines anderen Teilnehmers sein. Das macht »böse« Nachrichten, mit denen man sich nicht identifizieren kann, so erschreckend. Man geht dann nämlich sofort davon aus, dass diese »böse« Nachricht aus der geistigen Welt kommt und damit Gültigkeit besitzt. Mit solchen Annahmen wäre ich sehr vorsichtig. In Fällen wie diesen wäre es besser, ein Gespräch mit den anderen Teilnehmern zu führen und sich deren Meinung einzeln anzuhören, um herauszufinden, wer der Ouija Brett-Sitzung oder allgemein dem Leben gegenüber besonders negativ eingestellt ist. Hat jemand auf einen »Gruseleffekt« gewartet und ihn jetzt bekommen? Haben die Teilnehmer viele diffuse Ängste? Solche versteckten negativen Energien können zu einer erschreckenden Nachricht beitragen.

In einer Ouija Brett-Sitzung im März 2001 kamen zunächst nur unzusammenhängende Buchstaben, die keinen Sinn machten, und dann dies:

Frage: *»Willst du etwas erzählen?«*
Antwort: *»... dsuyhaezt Woche Hedwig ad Tod Rache Mann Akten holen. Gehe unter Halle von fuhr jaegem« (wieder unleserliche Buchstaben)*

Jetzt hatten wir die Wahl. Fragen wir weiter und bekommen, wie meist in solchen Fällen, letztendlich falsche Antworten, oder lassen wir es? Wenn diese Antwort darauf abzielte uns Angst einzuflößen, hat sie ihr Ziel verfehlt. Wir haben sie einfach ignoriert und nicht darauf reagiert.

Es wird berichtet, dass eine Frau, während einer Ouija Brett-Sitzung die Nachricht erhielt, ein Lehrer sei in einem bestimmten See ertrunken und sie solle sich mit seinem Bruder in Verbindung setzen, dessen Name und Adresse ebenfalls durchgegeben wurde. Nachforschungen ergaben, dass es niemanden mit diesem Namen und dieser Adresse gab und an dem angegebenen Tag auch niemand ertrunken war. Sämtliche Angaben waren also falsch. Es kann sehr wohl sein, dass ihr eigenes Unterbewusstsein oder einer der Teilnehmer der Frau diesen Streich gespielt hat.

Versteckte Ängste haben wir alle. Es ist uns nur nicht bewusst, dass sie in einer Ouija Brett-Sitzung zum Vorschein kommen können. Eine solche Sitzung ist eine sehr konzentrierte Aktivität, und es ist sehr wahrscheinlich, dass man dabei auch die Gedanken der anderen Teilnehmer »liest«.

Eine beängstigende Nachricht muss also nicht aus der geistigen Welt kommen, sie kann auch einfach eine Projektion der unbewussten Ängste eines oder mehrerer Teilnehmer sein. Geben Sie diesen Projektionen keine bewusste Energie, indem sie die schlechten Nachrichten auch noch detailliert hinterfragen. Angst ist ein schlechter Ratgeber und ein schlechter Begleiter bei einer Ouija Brett-Sitzung und allen anderen Unternehmungen, die eine Kontaktaufnahme mit der geistigen Welt zum Ziel haben.

Automatismus und automatisches Schreiben

Wenn Wissenschaftler die Bewegung der Planchette auf dem Ouija Brett untersuchen, kommen sie immer wieder zu dem Schluss, dass ein ungeklärter Automatismus die Hand führt und nicht etwa ein Wesen aus der geistigen Welt. Die Theorie besagt, dass ein noch nicht erforschtes menschliches Superbewusstsein die Planchette führt und dass kein Kontakt zur geistigen Welt hergestellt wurde. Selbst im Fall von Patience Worth wollte sich der Wissenschaftler Dr. Prince nicht festlegen und ließ diese Frage offen. Seiner Ansicht nach könnten alle Äußerungen von Patience Worth, die sowohl von Teilnehmern an den Sitzungen mit ihr bezeugt, als auch in zahlreichen Büchern und hunderten von Gedichten veröffentlicht wurden, auch aus einem phänomenalen menschlichen Unterbewusstsein stammen.

Da stellen sich mir sofort mehrere Fragen, zum Beispiel: »Woher hat dieses phänomenale Unterbewusstsein solche Fähigkeiten? Und warum waren diese Fähigkeiten so begrenzt? Und wenn ein solches Superbewusstsein alles weiß, warum hat der Kontakt nur mit Patience Worth bestanden?« Pearl Curran hat mit keinem anderen Geistwesen Kontakt aufgenommen. Natürlich muss man die Kontrolle seiner Hand »abgeben«, damit sich die Planchette »von selbst« auf dem Ouija Brett bewegen kann, sonst kann keine Kommunikation stattfinden. Aber man kann diese Kontrolle jederzeit selbst wieder übernehmen. Auch das Tische- und Gläserrücken ist ein Automatismus, und in vielen Büchern ist die Rede davon, wie gefährlich das alles sein kann und dass ein solches Verhalten unter Umständen die Psyche eines Menschen ruiniert. Es wird erzählt, dass Menschen, die so etwas tun, plötzlich Stimmen gehört haben, die ihnen alle möglichen und unmöglichen Befehle gaben. Professor Dr. Hans Bender führt in seinem Buch *Telepathie, Hellsehen und Psychokinese* viele solcher Fällen an. Vorurteile, die eine Sitzung von vorneherein begleiten, sind jedoch sicherlich ein größerer Auslöser für psychische Probleme als das automatische Hin- und Herfahren einer Hand. Mir ist immer unverständlich, warum Menschen eine Sitzung, bei der sie eine beängstigende Erfahrung machen, nicht abbrechen. Das wäre die einfachste Lösung. Einem Automatismus muss immer der eigene Wille gegenüberstehen.

Menschen, die sehr viel mit dem Ouija Brett gearbeitet und dabei komplizierte Nachrichten empfangen haben, gehen oft irgendwann dazu über, automatisch zu schreiben. Das war sowohl bei Pearl Curran der Fall als auch bei Jane Roberts, um nur zwei Beispiele zu nennen. Beide sind danach noch eine Stufe weitergegangen und haben für geistige Wesen gesprochen, wie es Sanaya Roman noch heute tut. Beim automatischen Schreiben sitzt man mit einem weichen Bleistift oder einem Kugelschreiber vor einem Blatt Papier und wartet, bis sich jemand meldet. Auch dabei kann man eine Unterhaltung führen und Fragen stellen. Es gibt Berichte über Menschen, die mit der linken und der rechten Hand gleichzeitig schreiben können, jeweils in verschiedenen Schriften. Manche unterhalten sich mit einer anderen Person, während sich ihre Hand über das Papier bewegt.

Ich will gar nicht verschweigen, dass es auch Berichte von Menschen gibt, denen über das automatische Schreiben beispielsweise befohlen wurde, sich zu ertränken. Seriöse

Berichterstatter erwähnen allerdings auch, dass diese Personen wieder ins normale Leben zurückkehren konnten, nachdem sie sich erfolgreich in psychiatrische Behandlung begeben hatten.

Die Angst, vielleicht sogar die Angst vor der eigenen Courage, kann einen Menschen übermannen. Daran gibt es keinen Zweifel. Wir sind so darauf getrimmt, die geistige Welt zu verleugnen und alles Spirituelle den offiziellen Vertretern der Religion zu überlassen, dass sich die meisten von uns erst einmal mit ihrem schlechten Gewissen auseinander setzen müssen, bevor sie direkten Kontakt mit der geistigen Welt aufzunehmen wagen. Wenn Sie also Bedenken haben und sich mit dem Kontakt nicht wohl fühlen oder wenn Sie über das automatische Schreiben oder das Ouija Brett irgendwelche obskuren Befehle erhalten, brechen Sie den Kontakt sofort ab und holen Sie Hilfe, wenn nötig. Und noch etwas: Lesen Sie mit, wenn Sie schreiben. Es mag vielleicht interessant aussehen, wenn sich die Hand von allein bewegt und man sich nebenbei unterhält, aber ich würde niemals irgendjemandem, auch nicht meinem Unterbewusstsein oder einem geistiges Wesen, erlauben, irgendwelche Nachrichten aufzuschreiben, ohne dass ich mit meiner Aufmerksamkeit dabei bin. Wer weiß, ob ich die Nachricht überhaupt hören will. Seien Sie deshalb immer bei der Sache.

Viele Aussagen, die über die Gefahren des Automatismus und des automatischen Schreibens gemacht werden, stammen noch aus einer Zeit, als die Wissenschaft eifrig bemüht war, jede Art von Automatismus als Betrug zu entlarven. Wenn man diese Bemühungen ignoriert und sich darauf konzentriert, ob die Nachrichten, die durch das automatische Schreiben übermittelt werden, für einen selbst relevant oder interessant sind oder nicht, muss man sich nichts beweisen und kann seine Freude daran haben.

Auch die Wissenschaft hat ihre Aussagen im Laufe der

Jahrhunderte immer wieder revidieren müssen. Was uns heute als die absolute Wahrheit verkauft wird, wird morgen vielleicht schon wieder in Frage gestellt.

Die Geschichte des Ouija Brettes

Woher kommt das Ouija Brett und wurde es wirklich erst von den Amerikanern entdeckt? Wahrscheinlich nicht. Im Laufe der Jahrtausende haben Völker auf der ganzen Welt immer wieder Wege gefunden, sich mit den Geistern in Verbindung zu setzen und Nachrichten aus ihrer Welt zu erhalten. Man sagt, bereits im alten China sei ein dem Ouija Brett ähnliches Instrument benutzt worden, um Verbindung mit den Geistern der Toten aufzunehmen. Im klassischen Griechenland soll Pythagoras seinen Schülern empfohlen haben, ein solches Instrument zu benutzen, um Erkenntnisse aus der unsichtbaren Welt zu erhalten. Auch in Rom sollen solche Geräte populär gewesen sein.

Ich habe das Ouija Brett selbst zu diesem Thema befragt, und es hat mir folgende Geschichte buchstabiert:

> *»Es gibt viele Geschichten über das Ouija Brett. In Paris hat ein guter Mann um seine Frau getrauert. Er hatte einen Kasten Buchstaben, die zum Drucker sollten, auf dem Tisch ausgebreitet. Er trank aus Trauer ein Glas Liquoer, da fing das Glas an über den Tisch zu wandern. Er erschrak, aber er war nach seiner ersten Furcht schlau genug, sich die Buchstaben aufzuschreiben. Seine Frau schickte ihm eine Nachricht, es gehe ihr sehr gut. Der Mann wurde wahnsinnig, er wusste nicht, ob er sich mehr vor dem schiebenden Glas oder vor der*

heiligen Kirche fürchten sollte. Er verbrachte noch viele Nächte an diesem Tisch und erfand immer neue Ausreden, warum er die Buchstaben nicht liefern konnte, aber dann tat er es doch und er hörte auf, mit seiner Frau zu kommunizieren. Er kam nicht auf die Idee, sich Buchstaben zu malen, denn er dachte, die gegossenen Buchstaben hätten die Magie bewirkt, nicht seine Konzentration und sein Öffnen für unsere Welt, was im Geheimen sein innigster Wunsch gewesen war. Er hat niemals jemandem davon erzählt aus Angst vor der Inquisition. Man war in seiner Zeit, 1512, sehr schnell ein Ketzer, und die Folter war auch von dem ehrbaren Bürger nicht weit weg.«

Anfang des 19. Jahrhunderts begann man sich vor allem in England außerordentlich für alles zu interessieren, was das Übernatürliche betraf. In Charlotte Brontës *Jane Eyre* ist zu lesen: »Außer der Erde und außer der Menschheit gibt es eine unsichtbare Welt und ein Königreich der Geister; diese Welt ist um uns und sie ist überall.«

A Christmas Carol, eine Geschichte von Charles Dickens, wurde 1843 mit großem Erfolg veröffentlicht. Sie erzählt, wie ein Geist dem Geizhals Scrooge die Konsequenzen seines jammervollen Lebens vor Augen führt und ihn am Weihnachtsabend zu einem besseren Leben bekehrt. Danach wurden Geschichten über Geister überaus populär, und jede Zeitschrift, die etwas auf sich hielt, veröffentlichte in ihrer wöchentlich oder monatlich erscheinenden Ausgabe mindestens eine Geistergeschichte. *A Christmas Carol* gehört in den englisch sprechenden Ländern übrigens noch heute zum Standardrepertoire an Weihnachten.

Auch Bram Stoker, der Erfinder von Dracula, hat Kurzgeschichten über Geister veröffentlicht. »The Judge's House« erschien am 5. Dezember 1881 in der Weihnachtsausgabe von *The Illustrated and Sporting Dramatic News*. Diese Geschichte beschreibt, wie ein junger Mann ein Haus mietet, in dem ein Richter gewohnt hatte, dessen Urteil meist darauf hinausgelaufen war, dass der Angeklagte gehängt wurde. Nach und nach wird der junge Mann in den Bann des Richters gezogen, der als große Ratte in seinem Haus weiterlebt und Nacht für Nacht in seinem ehemaligen Stuhl unter dem Hängeseil sitzt. Am Ende steigt der Richter aus seinem Bild, das im selben Zimmer hängt, und der junge Mann wird am nächsten Morgen erhängt aufgefunden.

Harriet Beecher Stowe, die mit *Onkel Toms Hütte* weltberühmt wurde, schrieb Geistergeschichten genau wie Henry James. All diese Geschichten waren zur damaligen Zeit absolut »in«.

Im Jahre 1847 zog der Farmer John Fox mit seiner Familie in ein Haus in Hydesville, in dem schon seit langem immer wieder seltsame Geräusche zu hören gewesen waren. Die Nacht zum 31. März 1848 beschrieb Mrs. Fox folgendermaßen:

»Es war sehr früh am Abend, als wir zu Bett gingen – kaum dunkel. Mir fehlte so viel Schlaf, dass mir fast schlecht war. Ich hatte mich gerade hingelegt. Es begann wie immer. Ich konnte es von allen anderen Geräuschen, die ich je gehört hatte, deutlich unterscheiden. Die Kinder, die in einem anderen Bett im selben Zimmer schliefen, hörten das Klopfen und versuchten so ähnliche Geräusche zu machen, indem sie mit den Fingern schnippten.

Meine jüngste Tochter Cathie sagte: »Mr. Splitfood, mach es so wie ich«, und sie klatschte in die Hände. Sofort ertönte die gleiche Anzahl von Kopfzeichen. Wenn sie aufhörte, hörten auch die Klopfzeichen kurze Zeit auf. Dann sagte Margaret zum Spaß: »Nein, mach es so wie ich. Zähle eins, zwei, drei, vier. Dabei klatschte sie in die Hände. Die Klopfzeichen machten dies nach. Danach hatte sie Angst, es zu wiederholen.

Ich beschloss einen Test zu machen, den niemand hier würde beantworten können. Ich bat den »Lärm«, das Alter meiner Kinder in der richtigen Reihenfolge zu klopfen. Sofort wurde das Alter meiner Kinder richtig durchgegeben, die Pause war immer lang genug, um das Alter jedes Kindes individuell auszumachen bis zu meinem siebten. Dann kam eine längere Pause, und dann wurden noch einmal drei sehr starke Klopfzeichen gegeben, die das Alter meines jüngsten Kindes angaben, das mit drei Jahren gestorben war.

Ich fragte dann, ob das ein menschliches Wesen sei, das mir diese korrekten Antworten gab. Kein Klopfen. Ich fragte: »Ist das ein Geist? Wenn ja, bitte zweimal klopfen.« Zwei Klopfzeichen kamen, sobald ich meine Bitte ausgesprochen hatte.«

Allmählich stellte sich heraus, dass der Geist zu einem Straßenhändler gehörte, der in diesem Haus ermordet worden war. Man grub nach einer Leiche und fand Knochenteile, aber erst sechsundfünfzig Jahre später wurde in diesem Haus ein komplettes männliches Skelett gefunden.

Die Familie Fox rief an diesem Abend sämtliche Nachbarn zusammen, damit alle diese »Poltergeistaktivität« bezeugen konnten. Doch waren dies keine gewöhnlichen Poltergeistaktivitäten, denn das Klopfen antwortete intelligent auf Fragen, die man ihm stellte. Als die Familie umzog, stellten sie fest, dass ihnen das »Klopfen« gefolgt war. Wie schon in Hydesville stellten die Schwestern Fragen, auf die sie intelligente Antworten bekamen. Sie wurden im Laufe der Zeit von allen möglichen Experten überprüft, aber niemand konnte ihnen Betrug nachweisen.

Ein regelrechtes Fieber, ausgelöst von dem Wunsch, Kontakt mit Geistern aufzunehmen, griff damals auf der ganzen Welt um sich. Um diese Zeit wurde auch die spiritistische Bewegung ins Leben gerufen, deren Mitglied auch ein Sir Arthur Conan Doyle war, der »Vater« des Sherlock Holmes. Die Spiritisten glauben, dass es möglich ist, Kontakt mit den Geistern Verstorbener aufzunehmen. Die erste Konferenz der Spiritisten, an der Tausende von Menschen teilnahmen, fand 1852 in Cleveland statt. Spiritistische Kirchen wurden gegründet, von denen sich die traditionellen Kirchen sofort distanzierten. Arthur Conan Doyle hat es auf den Punkt gebracht, als er sagte:

»Der Spiritismus ist eine Religion für jene, die sich außerhalb aller Religionen bewegen. Auf der anderen Seite macht er den Glauben derer, die bereits einen religiösen Glauben haben, um vieles stärker.«

In ganz Amerika wurden Séancen abgehalten und Medien wurden über Nacht so berühmt wie heute Filmstars. Sie wurden gefeiert und wieder verschmäht, je nachdem, ob man sie des Betrugs überführen konnte oder nicht. Eine Erklärung dafür, warum es zu dieser Zeit so erstaunlich viele Medien gab, ist die Tatsache, dass die Geschwister Fox die Kommunikation mit Geistern erstmals populär gemacht hatten und medial begabte Menschen nun endlich öffentlich zu ihrer Begabung stehen konnten. Dass es darunter sehr viele Scharlatane gab, ist bestätigt, aber leider gab es auch sehr viele ernst zu nehmende Medien, die so unter der andauernden wissenschaftlichen Erforschung und dem ständigen Zweifel an ihren Fähigkeiten litten, dass sich ihre Begabung mit der Zeit verflüchtigte. Das ist schade, denn ich denke mir, dass viele dieser Menschen der Welt wirklich etwas zu sagen gehabt hätten. Leider wurde damals weniger auf den Inhalt der übermittelten Nachrichten geachtet, weil die »Wissenschaftler« so davon beseelt waren, die Echtheit des Kontakts mit der Geisterwelt zu beweisen.

Bevor das Ouija Brett richtig populär wurde, gab es also bereits eine Reihe anderer Methoden zur Kontaktaufnahme mit der geistigen Welt, die mehr oder weniger erfolgreich waren. Beim Tischerücken legten alle Anwesenden ihre Hände auf den Tisch und warteten auf Kontakt zu den Geistern. Es dauerte meistens nicht lange, bis sich der Tisch zu bewegen begann und Nachrichten aus der jenseitigen Welt buchstabierte. Allerdings dauerte es sehr lange, bis eine Nachricht vollständig buchstabiert war. Meist wurde es den Anwesenden dabei auch sehr schnell langweilig.

Das Gläserrücken, das man auch hierzulande kennt, war schon eher eine Annäherung an das Ouija Brett. Man legte auf Papier geschriebene Buchstaben und Zahlen im Kreis auf einen möglichst glatten Tisch. Dann wurden die Wörter »Ja« und »Nein« aufgeschrieben und in den Kreis gelegt. Dann legten die Anwesenden ihre Finger auf ein umgestürztes Glas und baten die Geister, sich mit ihnen in Verbindung zu setzen. Was zumeist auch geschah.

Dann gab es noch die Möglichkeit, einen Stift an einem herzförmigen Holzbrettchen (Planchette) auf Rollen zu befestigen, die Hand leicht auf dieses Brettchen zu legen und zu warten, bis der Stift von selbst Buchstaben aufzuschreiben begann. Das war allerdings mühsam, weil die Planchette und der Bleistift selten auf dem dafür vorgesehenen Blatt Papier blieben und das Geschriebene sehr oft völlig unleserlich war. Es wird erzählt, ein Medium mit Namen M. Planchette habe diese Methode erfunden, aber das konnte nie verifiziert werden. Planchette ist auch das französische Wort für »Brettchen«.

Abgesehen von diesen relativ bekannten Methoden wurden noch eine Menge verschiedener Erfindungen ausprobiert, angefangen von Wählscheiben oder Nadeln, die sich bewegten, bis hin zu Flaschenzügen und anderen abenteuerlichen Vorrichtungen.

Zwar wird die offizielle Erfindung des Ouija Brettes den Amerikanern zugeschrieben, aber es ist interessant zu erfahren, dass bereits am 23. Januar 1854 ein gewisser Adolphus Theodore Wagner, Professor der Musik und Einwohner von Berlin im Königreich Preußen, in London eine Erfindung zum Patent eingereicht hat, die er wie folgt beschreibt:

»Psychograph oder Apparat, der die Gedanken eines Menschen anzeigt durch das Medium nervöser Elektrizität

Der Apparat besteht aus einer Kombination von Stangen und Holzstücken, die Bewegungsfreiheit in allen Richtungen erlaubt. Von einem der Beine des Instruments hängt ein Zeiger; auf einem oder mehreren von den anderen Extremitäten ist eine Scheibe angebracht, auf welche der Benutzer seine Hand legt und von dieser Extremität oder anderen Extremitäten hängt ein anderer Zeiger. Die anderen Teile des Apparates bestehen aus einer Glasscheibe oder anderem nicht leitendem Material und aus einem Alphabet und einem Satz Zahlen. Wenn eine Person, die von nervöser Elektrizität besessen ist, ihre Hand auf eine der Scheiben legt, wird das Instrument sofort zu arbeiten beginnen und der Zeiger wird auf dem Alphabet das buchstabieren, was der Benutzer denkt.«

Von diesem Apparat hat man nichts mehr gehört.

In einer Beilage zur *New York Tribune* vom 28. März 1886 erschien dann zum ersten Mal ein Artikel über das sensationelle »Talking Board«, der sich wie ein Lauffeuer in ganz Amerika ausbreitete. Hier die Übersetzung:

Die neue Planchette
Ein mysteriöses sprechendes Brett und Tisch

»Planchette ist völlig uninteressant«, sagte ein Mann aus dem Westen in einem Hotel an der Fifth Avenue, »verglichen mit der neuen Art von mysteriöser Kommunikation, die in Ohio praktiziert wird. Ich weiß von ganzen Gemeinden, die verrückt nach dem »sprechenden Brett« sind, wie es manche nennen. Ich habe niemals einen Namen dafür gehört. Aber ich habe die ungewöhnlichsten Dinge über seine Anwendung gesehen und gehört – Dinge, die, wie es scheint, jedes menschliche Verständnis und jede Erklärung übertreffen.«

»Wie sieht das Brett aus?«

»Geben Sie mir einen Bleistift und ich zeige es Ihnen. Das erste, was Sie benötigen, ist das Arbeitsbrett. Es ist rechteckig, etwa 18 mal 20 Zoll groß und folgendermaßen beschriftet:

Ja   Nein
A B C D E F G H I J K L M N O P Q R S T U V W X Y Z
1 2 3 4 5 6 7 8 9 0
Guten Abend   Gute Nacht

Das »Ja« oder »Nein« beginnt oder beendet die Unterhaltung. Das »Guten Abend« oder »Gute Nacht« ist zur Höflichkeit gedacht. Dann bereitet man einen kleinen Tisch vor, drei oder vier Zoll hoch, mit vier Beinen. Jeder kann dieses Gerät in fünfzehn Minuten mit einem Schnitzmesser und einem Pinsel selbst herstellen. Du nimmst das Brett auf den Schoß, eine andere Person setzt sich mit dir hin. Jeder hält den kleinen Tisch mit Daumen und Zeigefinger an der Ecke fest, die ihm am nächsten ist. Dann werden Fragen gestellt: »Will jemand in Kontakt treten?« Sehr bald denkst du, dass die andere Person den Tisch verschiebt. Der andere denkt, du tust das Gleiche. Aber der Tisch bewegt sich zu »Ja« oder »Nein«. Dann fährst du fort, Fragen zu stellen, und die Antworten werden mit den Beinen des Tisches buchstabiert, je nachdem, auf welchem Buchstaben sie zu stehen kommen, ein Buchstabe nach dem anderen. Manchmal wird der Tisch zwei Buchstaben mit seinen Beinen bedecken. Dann hältst du an und bittest, dass der Tisch vom falschen Buchstaben wegrückt, was geschieht. Einige bemerkenswerte Unterhaltungen wurden auf diese Art und Weise geführt, bis die Menschen anfingen, abergläubisch zu werden. Ich kenne einen Herrn, dessen Familie sich so für dieses Geisterding interessierte, dass er es verbrannte. In der gleichen Nacht verließ er die Stadt und ging auf Geschäftsreise. Die Familienmitglieder suchten das Brett und konnten es nicht finden. Sie brachten die Bediensteten dazu, ihnen ein neues Brett herzustellen. Dann setzten sich zwei von ihnen hin und fragten, was aus dem anderen Tisch geworden war. Die Antwort wurde buchstabiert: »Jack hat ihn verbrannt.« Es werden natürlich auch alle möglichen unsinnigen und irrelevante Antworten buchstabiert, aber die Beteiligten stört das wenig. Wenn die Antworten relevant sind, werden sie mit abergläubischem Staunen besprochen. Ein Herr in meiner Bekanntschaft hat mir erzählt, dass er eine Nachricht über eine Eigentumsurkunde für ein Stück Land von seinem toten Bruder erhielt, die sich für ihn als sehr wertvoll erwiesen hat. Die Menschen, die sehr oft mit dem neuen Geheimnis arbeiten, berichten von seltsamen Phänomen: Während zwei Personen den Tisch halten, kann eine dritte Person, die in einiger Entfernung im selben Zimmer sitzt, eine Frage stellen, ohne sie laut auszusprechen. Die Antwort, die dann kommt, zeigt deutlich, dass sie für diese Person gedacht ist. Seltsam ist auch, dass manche Menschen Antworten auf ihre Anfragen bekommen, während andere überhaupt keine Antwort erhalten. In Youngstown, Canton, Warren, Tiffin, Mansfield, Akron, Elyria und einigen anderen Orten in Ohio habe ich gehört, dass eine regelrechte Manie wegen dieser neuen Planchette ausgebrochen ist. Kartenabende werden durch diese Sitzungen ersetzt. Man hat versucht Antworten zu überprüfen, die sich auf lebende Personen bezogen. In manchen Fällen waren diese Antworten so zutreffend, dass die Fragenden von noch größerer Ehrfurcht ergriffen wurden.«

Das war wahrhaftig eine neue Erfindung, und es dauerte nicht lange, bis Elijah J. Bond gemeinsam mit Charles W. Kennard und William H. A. Maupin, alle aus Baltimore, Maryland, ein Patent für das Ouija Brett beantragte. Dieses Patent wurde am 28. Mai 1890 eingereicht und am 10. Februar 1891 bewilligt. Charles Kennard gründete die *Kennard Novelty Company* und begann 1890 mit der ersten Serienproduktion von Ouija Brettern.

Der Name Ouija Brett ist einer verbreiteten Ansicht zufolge aus dem französischen »Oui« und dem deutschen »Ja« zusammengesetzt. Es heißt aber auch, das Brett habe diesen Namen selbst vorgeschlagen. Genau weiß eigentlich niemand, woher der Name kam, aber er blieb hängen. Einer anderen Version zufolge sollte dies der ägyptische Name für »Glück« sein, was sich als falsch herausgestellt hat. Die erste Anzeige in einer lokalen Zeitschrift verkündete:

OUIJA

ein wundervolles sprechendes Brett

interessant und mysteriös; übertrifft mit seinen Ergebnissen das zweite Gesicht, Gedankenlesen, Hellsehen; gibt intelligente Antworten auf jede Frage. Hat sich am Patentamt bewährt, bevor das Patent bewilligt wurde. Preis $1.50. In allen guten Spielwaren-, Tex-

tilien- und Schreibwarengeschäften. W.S. Carr & Co. 83 Pearl Street, etc.
Erschienen im Hollist St. Theaterprogramm am 7. November 1891 in Boston, Massachusetts.

Charles Kennards Firma wurde 1892 von William Fuld übernommen, der allgemein als der Vater des Ouija Brettes gilt. Er änderte den Namen seiner Firma in *Ouija Novelty Company* und produzierte Ouija Bretter in unglaublichen Stückzahlen. Trotz enormer Konkurrenz verkaufte seine Firma Millionen von Ouija Brettern.

William Fuld leitete die Geschicke seiner Firma bis 1927. Im Februar 1927 stieg er auf das Dach der Fabrik in der Harford Street, Baltimore, um das Austauschen der Fahnenstange zu überwachen. Ein Stützpfosten brach, und er stürzte rückwärts in den Tod. Augenzeugen berichteten von einem Unfall, doch es gab auch das Gerücht, er habe sich möglicherweise das Leben genommen. Fulds Erben führten die Firma bis 1966 weiter und verkauften sie dann an die Spielwarenfirma Parker Brothers. Parker Brothers hat bis heute alle Rechte am Ouija Brett.

1999 stellte Parker Brothers die Produktion des klassischen Fuld Ouija Bretts ein und produziert seitdem ein kleineres Brett, das im Dunklen leuchtet. Seit Parker Brothers die *Ouija Novelty Company* übernommen hat, wurden genauso viele Ouija Bretter wie Monopoly Spiele verkauft. Die Ouija Bretter wurden in den Geschäften auch meist direkt neben die Monopoly Spielen gestellt. Der Werbeslogan für das Ouija Brett von Parker Brothers lautete:

»Es ist nur ein Spiel – oder vielleicht doch nicht?«

Medien und Spiritisten

Um 1852 erreichte die Begeisterung für Séancen und Kontakte mit der Geisterwelt Europa. Baron Guldenstubbe brachte das Tischerücken von Amerika nach Frankreich, wo es so beliebt wurde, dass es sich bald auf dem ganzen europäischen Festland und bis nach England ausbreitete. Auch in Deutschland gehörte »Tischerücken« bis in die späten zwanziger Jahre zu den beliebten Gesellschaftsspielen der höheren Kreise. Im Zuge dieser Entwicklung wurden einige Medien sozusagen über Nacht berühmt.

Daniel Dunglas Home

Der Schotte Daniel Dunglas Home belebte das Interesse der feinen englischen Gesellschaft am Übersinnlichen. 1833 in der Nähe von Edinburg geboren, hatte er den größten Teil seiner Kindheit und Jugend in Amerika verbracht, bis er schließlich nach England zurückkehrte. Schon mit dreizehn Jahren wusste er nach eigenen Aussagen um sein Talent, sich mit Geistern in Verbindung zu setzen.

Während der Seancen in seinem Salon erschienen geisterhafte Hände, die ein Akkordeon spielten, und Möbel schwebten ebenso im Raum wie Daniel Home selbst. Die Séance, die in seiner wohl berühmtesten Glanzleistung gipfelte, begann nicht weiter ungewöhnlich: Home ließ Möbel schweben, und eine Geistscheinung zeigte sich. Home selbst ging in tiefer Trance im Raum auf und ab und verschwand schließlich im nächsten Zimmer. Seine Gäste hörten, wie ein Fenster geöffnet wurde. Einer von ihnen berichtete später, er habe eine Stimme gehört, die ihm sagte, dass Home gleich aus einem Fenster hinaus und in ein anderes hinein schweben würde. Im nächsten Augenblick sahen alle Anwesenden, wie Home vor dem Fenster schwebte. Das Fenster befand sich etwa 2,10 Meter über dem Boden und war ungefähr 2,40 Meter vom nächsten Fenster entfernt. Obwohl kein Licht im Zimmer war, konnten alle Anwesenden Home im Mondlicht ganz genau sehen. Nachdem er einige Sekunden lang, mit den Füßen etwa zwanzig Zentimeter über dem Fenstersims, vor dem Fenster geschwebt war, öffnete er es, schwebte hinaus und dann, Füße voran, durch ein zweites Fenster wieder in den Raum. Einer der Anwesenden schloss das Fenster, durch das Home hinauslevitiert war, und stellte fest, dass es nur etwa dreißig Zentimeter weit geöffnet worden war. Er frage Home, wie er durch einen so schmalen Spalt gekommen sei, und Home zeigte es ihm. Er schwebte, Kopf voran, sehr schnell durch den Spalt, wobei sein Körper fast horizontal lag und, wie es aussah, ganz steif war. Dann schwebte er mit den Füßen voran wieder herein. Später, als Home aus seiner Trance erwachte, soll er gesagt haben, er fühle, dass er sich in sehr großer Gefahr befunden hatte.

Es wurden viele Versuche unternommen, Home des Betrugs zu überführen, alle ohne Erfolg. Es erging ihm wie allen Medien seiner Zeit, die es zu großem Ruhm gebracht hatten. Sie wurden rigorosen Prüfungen unterzogen, denen sie sich auch stellen mussten, wenn sie ernst genommen und als Medien glaubhaft bleiben wollten. Viele haben diese Tests nicht bestanden, aber es blieben dennoch einige, deren Integrität schwer anzuzweifeln war.

Eusapia Paladino

Eusapia Paladino war genau wie Daniel Dunglas Home in der Lage, Gegenstände schweben zu lassen, allerdings nicht auf so spektakuläre Weise wie er. Eine ihrer Sitzungen fand in Anwesenheit des berühmten Astronomen Camille Flammarion und von Guillaume de Fontenay statt. Vor Beginn der Séance wurde der Raum genauestens untersucht: Fenster, Türen, Vorhänge, Stühle wurden inspiziert, und man suchte nach Drähten, Batterien oder anderen mechanischen Hilfen – ohne Erfolg. Anschließend wurde die Sitzung in dem hell erleuchteten Zimmer durchgeführt, und zwei Personen hielten Hände und Füße des Mediums fest. Trotz allem schwebte der Tisch auf unerklärliche Weise etwa zwei Sekunden lang ungefähr zwanzig Zentimeter über dem Boden. Dieses Experiment wurde in der gleichen Sitzung dreimal wiederholt, und der Tisch schwebte jedes Mal in der Luft.

Sir Oliver Lodge, ein damals weltbekannter Physiker, war zwar nicht unbedingt ein Befürworter der spiritistischen Bewegung, wohl aber bemüht, das spiritistische Konzept zu beweisen oder zu entlarven. Auch er nahm an vier von Eusapia Paladinos Sitzungen teil und veröffentlichte seine Beobachtungen im *Journal of the Society for Psychical Research* vom November 1884.

»Wie immer man die Tatsachen erklären mag, es gibt in meinem Kopf keinen Zweifel mehr. Jede Person ohne unverrückbare Voreingenommenheit, welche die selbe Erfahrung gemacht hat wie ich, wäre zur gleichen Erklärung gekommen: Das bisher für unmöglich Gehaltene fand tatsächlich statt.

Dies habe ich mehrere Male selbst gesehen. Die Tatsache der Bewegung war verbürgt durch Sehen und Hören, manchmal auch durch Anfassen, und die Objektivität der Bewegung wurde durch die Geräusche bestätigt, die von einem unbeteiligten Zuschauer gehört wurden, und dadurch, dass die Objekte permanent ihre Position veränderten.

Meine Erfahrung hat mich überzeugt, dass gewisse Phänomene, die man normalerweise als unnatürlich bezeichnet, doch in die Ordnung der Natur gehören ...«

Auch als Eusapia Paladino des angeblichen Betrugs angeklagt wurde, blieb Sir Oliver bei seiner Überzeugung, dass das, was er gesehen hatte, echt war.

Leonore Piper

Leonore Piper aus Boston gilt als das beste Trance-Medium in der Geschichte der parapsychischen Forschung und war über jeden Zweifel erhaben. Als sie acht Jahre alt war, hatte sie ein für ihren späteren Lebensweg entscheidendes Erlebnis: Sie spürte einen Schlag auf ihr rechtes Ohr, gefolgt von einem Zischen, das wie ein »S« klang, und den Worten: »Tante Sara ist nicht tot, sondern immer bei dir.« Das Kind erschrak, und als sie es ihrer Mutter erzählte, schrieb diese sich Datum und Uhrzeit des Vorfalls auf. Einige Tage später fanden sie heraus, dass Tante Sara am gleichen Tag zur gleichen Stunde gestorben war. Dieses Ereignis markierte den Beginn von Leonore Pipers Erwachen als Medium. Allerdings begann sie erst nach ihrer Heirat, im Alter von zweiundzwanzig Jahren, als Medium zu arbeiten. Als sie Dr. Cocke, einen blinden Hellseher, konsultierte und dieser ihr seine Hand auf den Kopf legte, sah sie »eine Flut von Licht mit vielen fremden Gesichtern«. Später nahm sie an einer von Dr. Cockes Séancen teile. Sobald sie in Trance gefallen war, stand sie auf, holte sich Papier und Bleistift und schrieb ein paar Minuten lang sehr schnell. Die Nachricht kam von dem verstorbenen Sohn eines bekannten Richters aus Cambridge, Mr. Frost, der ebenfalls an dieser Séance teilnahm.

Bald darauf war Leonore Piper ein gefragtes Medium. Im Laufe ihrer Karriere hatte sie mehrere Geistführer, die sie jeweils für einige Zeit begleiteten. Während ihres Aufenthalts in England wurde sie im Auftrag der *Society for Psychical Research* (Gesellschaft für parapsychologische Forschung) den unglaublichsten Prüfungen unterzogen. Man ließ sie von Detektiven überwachen, öffnete ihre Post und verfügte, dass ihre Besucher nur maskiert erscheinen durften. Trotzdem war der Wahrheitsgehalt der Aussagen, die Mrs. Piper über jene unbekannten und maskierten Personen machte, nicht von der Hand zu weisen. Als schließlich mehrere ihrer Geistführer gemeinsam während ihrer Séancen auftraten, wurde sie auch ein außergewöhnlich guter spiritueller Ratgeber. Ihre Tochter schrieb 1929:

»Es ist fast so, als sei der Mantel des Rektors (ein Geistführer aus der Gruppe) über Mrs. Piper selbst gefallen. Das Gute, das sie in den letzten neun bis zehn Jahren auf diese Weise tun konnte, ist unglaublich.«

In seiner *Encyclopedia of Psychich Science*, sagt Nandor Fodor über Leonore Piper:

»Mrs. Pipers Arbeit kann gar nicht genug gewürdigt werden. Viele Jahrzehnte lang wurden ihre Kräfte in einer Weise geprüft, wie sie kein anderes Medium überstanden hat. Die Forschung für übernatürliche Phänomene kann ihr gar nicht dankbar genug sein.«

Sir Oliver Lodge testete Leonore Piper 1889 im Auftrag der *Society for Psychical Research*. Sie übermittelte ihm so viele Nachrichten von verstorbenen Bekannten, dass er bald davon überzeugt war, dass »Tote« doch weiterlebten. Die Erkenntnisse, die er in diesen Sitzungen gewonnen hatte, veröffentlichte er 1890.

Gladys Osborne Leonard

Auch seine Erlebnisse mit dem Medium Gladys Osborne Leonard beeindruckten Sir Oliver Lodge nachhaltig. Mrs. Leonard hatte schon sehr früh in ihrem Leben Visionen gehabt, die sie als selbstverständlich betrachtete. Die Tests, denen man sie unterzogen hatte, hatte sie alle bestanden. Sir Oliver Lodge besuchte sie 1915, anonym und zusammen mit seiner Frau. Gladys Osborne Leonard übermittelte ihm Nachrichten von seinem gefallenen Sohn Raymond. Unter anderem beschrieb sie ihm ein Bild von seinem Sohn Raymond, das Sir Oliver selbst zu diesem Zeitpunkt nicht bekannt war. Vier Tage später kam dieses Bild bei ihm an. Es stimmte in jeder Einzelheit mit dem überein, was Mrs. Leonard beschrieben hatte.

Mina Stinson Crandon, bekannt als »Margery«

Mina Stinson Crandon, bekannt als »Margery«, war die Frau eines bekannten Bostoner Chirurgen. Auch sie war ein anerkanntes, wenn auch umstrittenes Medium. Sie wurde sowohl in England als auch Amerika den schwierigsten Prüfungen unterzogen und schaffte es immer wieder, großartige Phänomene hervorzubringen. Zu ihren besonderen

Fähigkeiten gehörte das direkte Sprechen, das automatische Schreiben und das Hervorbringen von Musik aus der Geisterwelt. Außerdem konnte sie Gegenstände schweben lassen, die von der Materie her dichter zu sein schienen als die Gegenstände, die andere Medien levitierten. Beispielsweise hatte Harry Price einen Tisch entwickelt, den man nicht manipulieren konnte. Margery ließ diesen Tisch bei normalem Licht zweimal etwa 18 Zentimeter über dem Boden schweben. Eric Dingwall besuchte Mrs. Crandon im Auftrag der *Society for Psychical Research* und erklärte daraufhin, Margerys Fähigkeiten gehörten zu den bemerkenswertesten in der Geschichte der parapsychologischen Forschung. Später revidierte er sein Urteil etwas und stellte Margery auf eine Stufe mit D.D. Home und Eusapia Paladino. Houdini, der Margery aufs bitterste bekämpfte, schaffte es durch seine Dauerattacken letztendlich, sie in Misskredit zu bringen. Houdini selbst hatte einer Sitzung beigewohnt, in der Margery Kontakt mit seiner Mutter aufnahm. Danach erklärte er, dies könne nicht seine Mutter gewesen sein, da Margery englisch sprach und seine Mutter die englische Sprache Zeit ihres Lebens kaum beherrscht hatte. Mrs. Crandon selbst soll über Houdini gesagt haben: »Ich respektiere Houdini mehr als jeden anderen der Zweifler. Er steht immer mit beiden Beinen fest auf dem Boden.« Nach dem Tod ihres Mannes verloren sich Margerys Fähigkeiten mehr und mehr, aber vielleicht war sie einfach auch der Dauerkontroversen über ihre Fähigkeiten müde.

Die Society for Psychical Research (Gesellschaft für parapsychologische Forschung)

Die *Society for Psychical Research* wurde 1882 in England gegründet mit dem Ziel, mediale Phänomene zu untersuchen und von Spiritismus und Aberglauben zu trennen. Ihr erster Präsident, Professor Henry Sidgwick, schrieb zu jener Zeit:

»Es ist ein Skandal, dass der Streit darüber, ob diese Phänomen echt sind, nicht aufhört. So viele kompetente Zeugen haben sich für deren Wahrheitsgehalt verbürgt; so viele andere haben ein tiefgreifendes Interesse daran, diese Frage zu klären, und trotzdem behält die gebildete Welt ihre ungläubige Einstellung bei.«

Noch heute untersucht diese Gesellschaft paranormale Phänomene, vor allem auf dem Gebiet der außersinnlichen Wahrnehmung, der Telepathie, des Hellsehens und der Vorausahnungen. Und noch heute zerpflücken Wissenschaftler die Aussagen der Parapsychologen mit dem Argument, dass es für diese Phänomene keine Beweise gibt. (Quelle: *The Columbia Encyclopedia,* 7th Edition, «Parapsychology«*).*

Emanuel Swedenborg

Erfolgreiche Versuche, sich mit Geistern in Verbindung zu setzen, hatte es in Europa jedoch schon viel früher gegeben. Ein Mann, der unendlich viel für die Entdeckung der Seele und ihrer Existenz nach dem Tod getan hat, ist Emanuel Swedenborg.

Swedenborg (geb. 1688 in Stockholm, gest. 1722 in London) widmete sich zunächst den Naturwissenschaften und bereiste ganz Europa, um von den klügsten Köpfen der damaligen Zeit zu lernen. Als Naturwissenschaftler und Erfinder war er seiner Zeit weit voraus, und viele seiner wissenschaftlichen Entdeckungen wurden erst im 20. Jahrhundert bestätigt. Noch vor Kant und Laplace formulierte er die Hypothese, dass unser Sonnensystem aus einem kosmischen Urnebel entstanden ist und dass durch die gegenseitige Anziehungskraft der Massen allmählich eine Verdichtung entstand, unsere heutige Sonne. Swedenborg war außerdem als »Aristoteles des Nordens« bekannt, und man sagt, dass selbst große Schriftsteller und Dichter wie Edgar Allan Poe, Balzac, Goethe, Emerson und Dostojewski Anregungen aus seinen Werken bezogen hätten. Sein Buch *Principia* war der Versuch, die Systeme der Welt aus philosophischer Sicht zu erklären.

Zwischen 1744 und 1745 hatte Swedenborg eine Reihe tief greifender mystischer Visionen, die durch eine existenzielle Krise ausgelöst worden waren. Danach begann er, theologische Werke zu verfassen, in denen es ihm vor allem darum ging, den Menschen die wahren inneren Grundsätze der geistigen Welt aufzeigen, wie sie sich ihm offenbart hatten, als sich »der Himmel für ihn öffnete«. Er gab an, mit Geistern und Engeln in Verbindung zu sein, die ihm helfen würden, die Lehre der Neuen Kirche zu verbreiten. In den folgenden siebenundzwanzig Jahren bis zu seinem Tod im Alter von 84 Jahren schrieb er dreißig theologische Bücher, die diese Offenbarungen enthalten. In *Arcana Coelestia* entwarf er eine umfassende Schau von Diesseits und Jenseits. Seine Bücher wurden in viele Sprachen übersetzt. In deutscher Sprache gibt es mehr als zwanzig seiner Werke, momentan allerdings nur noch antiquarisch oder in Bibliotheken.

Obwohl Swedenborgs Lehren auf dem Christentum basieren, geben sie auch Buddhisten, Hindus, Muslimen und

Juden klare und verständliche Antworten auf spirituelle Fragen. Swedenborg selbst wollte keine Kirche im christlichen Sinne gründen, sondern eher eine Gemeinschaft, zu der Menschen mit unterschiedlichem religiösem Hintergrund Zugang haben sollten. Seine noch heute große Anhängerschaft ist in England und Amerika in der *New Church of Jerusalem* organisiert, einer Kirche, die auf seinen Lehren basiert.

Daisetsu Teitaro Suzuki, ein buddhistischer Gelehrter aus Japan, der wesentlich dazu beitrug, das Interesse am Zen-Buddhismus im Westen zu wecken, sagte 1913 über Swedenborg: »ein theologischer Revolutionär, Reisender des Himmels und der Hölle, ein Streiter der spirituellen Welt, König des mystischen Reichs, einzigartiger Hellseher, unnachahmbarer Gelehrter, Wissenschaftler mit einem scharfen Verstand, ein Mann frei von weltlichem Makel, all das zusammen macht Swedenborg.«

Allan Kardec

Allan Kardec wurde 1804 als Hippolyte Leon Denizard Rivail in Lyon geboren und später in einer Pestalozzischule in der Schweiz erzogen. Schon früh interessierte er sich für das Studium der Philosophie. Mit 28 Jahren gründete er in Paris ein pädagogisches Institut, heiratete eine seiner ehemaligen Lehrerinnen und schrieb einige Schulbücher. Mitte des 19. Jahrhunderts kam Kardec mit der spiritistischen Bewegung seiner Zeit und vielen sehr guten Medien in Berührung. Ein Medium erzählte ihm, er habe in einem seiner früheren Leben als Bauer namens Allan Kardec in der Bretagne gelebt. Also nahm er diesen Namen an. Allan Kardec arbeitete lange Zeit mit einem Medium namens Celina Bequet oder Celina Japhet zusammen. Sie erhielt Nachrichten von ihrem Großvater sowie von Anton Mesmer (siehe unten) und gab in Trance unter anderem medizinische Ratschläge. Kardec bearbeitete dieses Material und veröffentlichte es unter seinem Namen als *Le Livre des Esprits (Das Buch der Geister)*. Acht Jahre später, im Jahre 1864, erschien *Le Livre des Mediums (Das Buch der Medien)* und 1864 *Das Evangelium nach dem Spiritismus*.

Der Spiritsmus nach Allan Kardec ist »eine beobachtende Wissenschaft und eine philosophische Lehre zugleich«. Als praktische Wissenschaft, so die Deutsche Spiritistische Bewegung, beschäftigt er sich mit der Beziehung, die mit der geistigen Welt möglich sei, als Philosophie mit allen moralischen Folgen, die sich aus dieser Beziehung ergeben. Die Philosophie des Spiritismus fragt nach der Existenz der Seele und nach einem Weiterleben nach dem Tod. Der Kernpunkt des Spiritismus nach Kardec ist dieser: Wohltätigkeit ist notwendig für die Erlösung der Seele, und Gesundheit zu schenken ist die größte Wohltätigkeit überhaupt. Kardecs Philosophie wurde vor allem in Brasilien begeistert aufgenommen, und noch heute gibt es in Brasilien spiritistische Krankenhäuser, in denen Medien und Ärzte Hand in Hand arbeiten. Auch in Europa findet Kardecs Lehre derzeit wieder neue Anhänger.

Anton Mesmer

Anton Friedrich Mesmer (manchmal auch Franz Anton Mesmer genannt) wurde 1734 in Iznang bei Radolfzell geboren. Er studierte Theologie, Philosophie, Jura und Medizin in Wien und wurde als Arzt dadurch berühmt, dass er die Anwendung des magnetischen Fluidums des Menschen wieder entdeckte, das er als »animalischen Magnetismus« bezeichnete.

Mesmers Thesen lauten zusammengefasst:

1. Es gibt eine das ganze Weltall durchdringende und verbindende Kraft, einen Stoff von unvergleichlicher Feinheit.
2. Alle Krankheiten sind eine Folge der Tatsache, dass diese Kraft im Körper der kranken Personen nicht harmonisch verteilt ist.
3. Heilen bedeutet, dieses Gleichgewicht wieder herzustellen.
4. Das Gleichgewicht wird durch Einbringen dieser geheimnisvollen Kraft in den Körper des Kranken wieder hergestellt.
5. Die Behandlung sollte von einem Arzt durchgeführt werden, der nicht nur mit der medizinischen Lehre , sondern auch mit dem Magnetisieren vertraut ist. Der Arzt soll die Ströme jener Kraft in sich aufnehmen, sie durch sich hindurchfließen lassen und an seinen Patienten abgeben.

Die medizinischen Fakultäten der damaligen Zeit waren nicht erfreut über Mesmers bis dahin unbekannte Heilmethoden und vertrieben ihn erst aus Wien und 1778 auch aus Paris. Anton Mesmer ging daraufhin zurück nach Österreich, und man hörte nichts mehr von ihm. Arthur Schopenhauer sagte über seine Heilmethode: »Der Mesmerismus ist, wenigstens vom philosophischen Standpunkt aus betrachtet, die inhaltsschwerste aller jemals gemachten Entdeckungen.«

Edgar Cayce

Edgar Cayce, geboren am 18.3.1877 in Kentucky, gilt als einer der größten Seher und Heiler des 20. Jahrhunderts. Er war in der Lage, die gesundheitlichen Probleme von Menschen, die ihn um Rat baten, genau zu diagnostizieren, ohne dass er sie selbst zu Gesicht bekam, und sie dann zu Ärzten zu schicken, die ihnen helfen konnten. Dazu legte er sich in seinem bescheidenen Haus auf ein Bett und begab sich in tiefe Trance. Bei all diesen Sitzungen waren seine Frau und seine Sekretärin anwesend, die Edgar Cayces Mitteilungen aufschrieben. Cayces Söhne riefen ein Institut ins Leben, in dem alle seine Gesundheitslesungen ebenso katalogisiert sind wie seine Vorhersagen, insgesamt weit über vierzehntausend dokumentierte Aussagen. Ärzte aus aller Welt studieren noch heute Cayces Anweisungen zur Heilung unterschiedlichster Leiden im menschlichen Körper.

Edgar Cayce war Zeit seines Lebens ein tief gläubiger, bescheidener Mensch, der sich auch mit Fragen der geistigen Entwicklung, mit Reinkarnation sowie mit spirituellen Fragen und Gesetzen beschäftigte. Wenn er Lebenslesungen für andere Menschen gab, bezog er sich immer auch auf deren frühere Leben und erklärte, was dies für das jetzige Leben des betreffenden Menschen bedeutete. Cayce war kein Spiritist, sondern ein Mensch, der einen einmaligen und bis heute unübertroffenen Zugang zur geistigen Welt hatte. Er besaß ungewöhnlich tiefe Einsichten in das menschliche Leben, die er in Trance erhielt. Seinen eigenen Aussagen zufolge boten sich ihm immer wieder geistige Führer an, aber er lehnte sie stets ab. Er war selbst in der Lage, in dieses unendliche universale Wissen einzutauchen und die Informationen zu finden, die für den, für den er fragte, relevant waren. Das Hauptthema des Cayce-Materials ist die Macht des freien Willens, die nur der Mensch hat. »Diese Macht ist notwendig, wenn wir die Qualität unseres Lebens verändern und negative Einstellungen überwinden wollen«, erklärte er. Edgar Cayce konnte aber auch Ereignisse sehr genau vorhersagen. Kurz vor seinem Tod im Jahre 1945 sagte er, die Rettung der Welt werde eines Tages aus Russland kommen. Zu jener Zeit und in der Zeit des kalten Krieges klang das ziemlich unglaubwürdig. Aber jetzt ist der kalte Krieg vorbei, die Grenzen sind offen, und alles ist möglich.

Die vorangegangenen Berichte erzählen von Männern und Frauen, für die der Zugang zur geistigen Welt selbstverständlich war, von Menschen, die mit Integrität an diese übernatürlichen Phänomene herangegangen sind und die ihre Fähigkeiten eingesetzt haben, um der Sache zu dienen. Sie waren Pioniere, die gekämpft haben, um das Wissen darüber, dass die Seele des Menschen nicht stirbt, sondern nach seinem Tod weiterlebt, in die Welt zu tragen. Leider wissen wir heute kaum noch etwas über diese Medien oder über die Wissenschaftler, die ihr Leben der Erforschung dieser Phänomene gewidmet und dazu beigetragen haben, dass die geistige Welt als Tatsache akzeptiert wurde.

Die meisten von uns verfügen wahrscheinlich nicht über mediale Fähigkeiten. Dennoch können wir uns mit der Welt der Geister in Verbindung setzen und mit geistigen Wesen kommunizieren. Denn eines ist ganz sicher: Geistige Wesen unterhalten sich gern mit uns, wenn wir sie darum bitten. Das Ouija Brett gibt beiden Seiten die Möglichkeit dazu.

So stellen Sie Ihr eigenes Ouija Brett her

Es gibt keinen Grund, warum Sie Ihr Ouija Brett nicht selbst herstellen sollten. Ein selbst gemachtes Brett funktioniert genauso gut wie ein gekauftes. Sie können Ihr Ouija Brett ganz nach eigenen Vorstellungen so einfach wie nötig oder so aufwändig wie möglich gestalten. Ihren künstlerischen und handwerklichen Fähigkeiten sind keine Grenzen gesetzt. Wenn Sie Anregungen brauchen, können die im Anhang ab Seite 179 abgebildeten Vorschläge Ihnen vielleicht weiterhelfen. Sie haben die Erlaubnis des Verlages, diese Zeichnungen zu kopieren und nach Ihren eigenen Vorstellungen zu bearbeiten.

Vergrößern Sie Ihr Lieblingsmotiv auf DIN A 3 und gestalten Sie es nach Belieben aus, mit Buntstiften, Wasserfarben, Filzstiften, Plakafarben, Ölkreiden oder wie immer Sie möchten. Kleben Sie das fertige Blatt auf einen stabilen Karton (beispielsweise die Rückseite eines Zeichenblocks im Format DIN A 3) und überziehen Sie alles mit selbst klebender Klarsichtfolie. Wenn Sie Ihr so gestaltetes Ouija Brett besonders stabil machen möchten, können Sie statt der handelsüblichen Klarsichtfolie auch etwas dickere Acrylfolie oder so genanntes Bastlerglas verwenden, die Sie in Baumärkten und Modellbauläden bekommen. Dieses Material ist nicht selbst klebend. Das bedeutet, dass Sie Ihr Ouija Brett an den Rändern mit Gewebeband oder ähnlichem verkleben müssen. Ein »professionelleres« Ergebnis bekommen Sie, wenn Sie das von Ihnen gestaltete Bild zusammen mit dem Pappkarton, der es verstärkt, laminieren lassen. Das ist ein Service, der von sehr vielen Copyshops zu günstigen Preisen angeboten wird.

Sie können Ihr Ouija-Brett aber auch mit noch einfacheren Mitteln und ohne jede Vorlage selbst anfertigen. Besorgen Sie sich einen glatten Pappkarton, etwa 40 mal 50 Zentimeter groß. Die zur Verfügung stehende Fläche sollte groß genug sein, dass alle Buchstaben und Zahlen nicht zu eng nebeneinander darauf Platz haben. Das ist vor allem für Sie als Benutzer wichtig, denn Sie sollen die Buchstaben und Zahlen während einer Sitzung gut lesen und unterscheiden können und nicht rätseln müssen, ob jetzt beispielsweise das S oder das T gemeint war, zwei Buchstaben, die normalerweise nebeneinander stehen.

Sie können die Buchstaben in alphabetischer Reihenfolge entlang eines Bogens aufmalen, der sich von einer Seite des Kartons zur anderen spannt, die Zahlen von 1 bis 0 auf einer geraden Linie darunter und darunter wiederum ein Komma, einen Punkt, ein Fragezeichen und ein Ausrufezeichen. Jetzt sollte noch genügend Platz für die Worte »Ja«, »Nein« und »Ende« vorhanden sein.

Wenn noch mehr Platz ist, können Sie kurze Sätze wie »Bitte warten«, »Frage unzulässig«, »Weiß ich nicht«, »Ade, ich gehe« oder ähnliches hinzufügen. Verzieren Sie Ihren Karton mit Sonne, Mond und Sternen oder anderen Ornamenten, je nachdem, wie geschickt oder künstlerisch veranlagt Sie sind.

Mein erstes Ouija Brett bestand aus zwei gewöhnlichen Schreibmaschinenblättern in einem Bilderrahmen hinter Glas. Mit dem Computer hatte ich alle Buchstaben auf den linken beziehungsweise rechten sowie den oberen Rand beider Blätter geschrieben. Die Zahlen und die Worte »Ja« und »Nein«, »Danke« und »Ende« verteilte ich gleichmäßig auf dem verbleibenden Platz. Ich suchte mir dafür eine Schrift

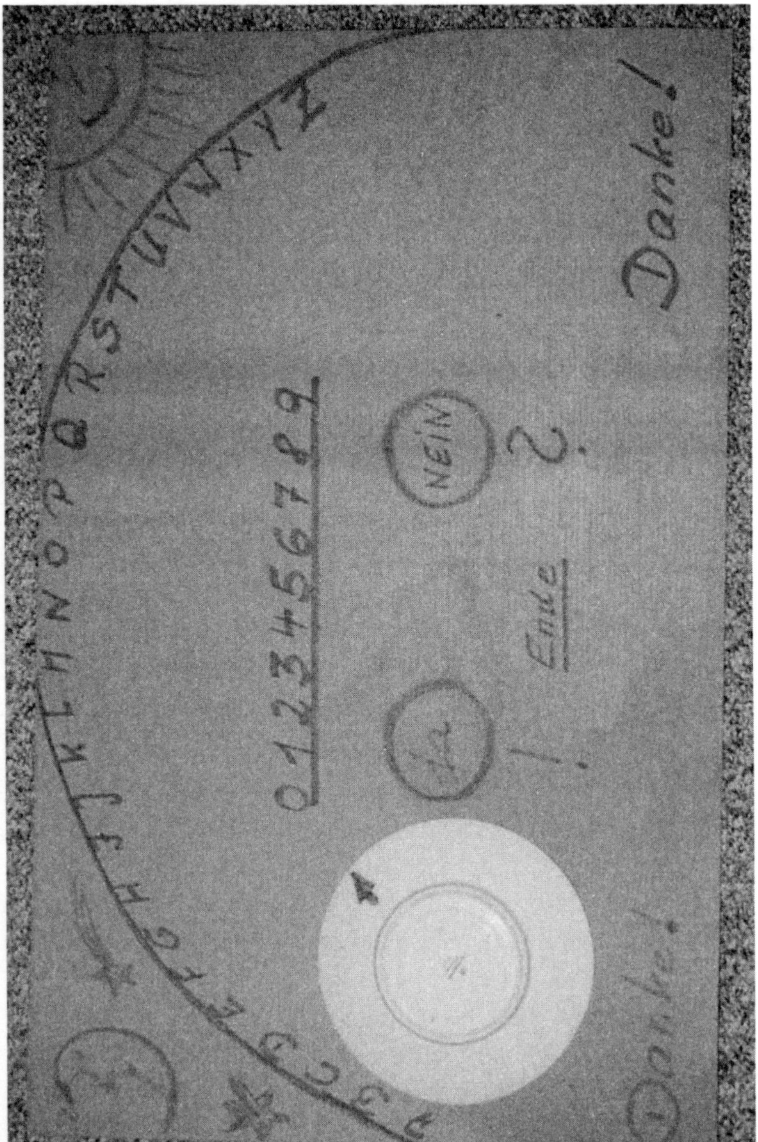
Danke!
0123456789
Ja
Ende
NEIN
Danke!

aus, die mir gut gefiel, und verzierte eines der Blätter mit Blumen und dem Bild eines Engels. Die fertigen Seiten schob ich unter die Glasplatte des Bilderrahmens. Als Planchette hatte ich mir einen Zeiger aus einer Hochglanzbroschüre ausgeschnitten.

Sie können aber auch ein altes Tablett zu einem Ouija Brett umfunktionieren, solange es einen gut gleitfähigen Boden und keinen zu hohen Rand hat. Es muss so groß sein, dass Sie das Alphabet, alle Zahlen und ein Minimum an Wörtern darauf unterbringen können. Achten Sie auch darauf, dass die Schrift den Lauf der Planchette nicht behindert. Wenn Sie Plakafarbe benutzen, sollten Sie sicherstellen, dass die Farbe keine dicken Ränder bildet, an denen die Planchette hängen bleiben kann.

Wenn Sie Talent zum Seidenmalen haben, können Sie ein selbst bemaltes Tuch über ein Holzbrett oder einen festen Pappkarton spannen. Das Tuch muss rutschfest sitzen, denn während einer Sitzung kann die Planchette sehr lebhaft über das Ouija Brett gleiten. Wenn Sie sich für diese Variante entscheiden, ist ein umgedrehter Porzellanteller oder eine Porzellantasse mit glattem Rand die ideale Planchette.

Wenn Sie ein Ouija Brett aus Holz herstellen, sollte das Brett etwa einen halben Zentimeter dick sein, damit es sich nicht verzieht. Suchen Sie sich ein Stück Holz mit einer attraktiven Maserung. Wenn Sie kein Brett nach Ihrem Geschmack finden, grundieren Sie ein beliebiges Brett in einer Farbe, die Ihnen gefällt. Achten Sie darauf, das die Oberfläche glatt und gleitfähig ist. Nachdem Sie das Brett mit einem wasserfesten Stift beschriftet haben, lackieren Sie es mit Klarlack oder überziehen es mit selbst klebender Klarsichtfolie. Wenn Sie eine farbige Klebefolie benutzen möchten, schreiben Sie die Buchstaben und Zahlen mit Filzstift auf die Folie.

Wenn Sie eine gute Handschrift haben, schreiben Sie die

Buchstaben und Zahlen freihändig, wenn nicht, benutzen Sie eine Schablone. Bestimmen Sie vorab, wie Sie die Buchstaben, Zahlen und Wörter auf dem Brett anordnen wollen. Skizzieren Sie die Anordnung mit einem Bleistift. Das erspart spätere Korrekturen, die erforderlich würden, wenn man sich beispielsweise bei den Abständen verschätzt hat. Die Buchstaben müssen übrigens nicht unbedingt in alphabetischer Reihenfolge aufgemalt werden. Die geistigen Wesen finden die richtigen Buchstaben auch so, und mit Zahlen ist es nicht anders. Es müssen lediglich alle Buchstaben und Zahlen vorhanden sein.

Schmücken Sie Ihr Ouija Brett mit Engeln, Elfen, Wassergeistern, mit Sonne, Mond und Sternen, mit astrologischen Zeichen, Blumen, getrockneten Blättern, kurz, mit allem, was Ihnen Freude bereitet. Das heißt natürlich automatisch, dass Sie keine Ornamente verwenden, die Sie erschrecken oder ängstigen.

Ein Ouija Brett wird natürlich auch funktionieren, wenn es nicht weiter ausgeschmückt ist, oder anders ausgedrückt: Das Aussehen des Bretts wird den Erfolg einer Kontaktaufnahme nicht beeinflussen. Dennoch glaube ich: Wenn man mit einem Ouija Brett arbeitet, das einem schon auf den ersten Blick gefällt, kann auch ein guter Kontakt nicht mehr weit sein.

Die Planchette

Ich habe schon mit ganz unterschiedlichen Planchetten experimentiert, je nachdem, ob ich eine Sitzung allein oder mit mehreren Personen durchgeführt habe. Allein ist es natürlich schwieriger, die Energie aufzubauen, die benötigt wird, um die Planchette auf dem Ouija Brett zu bewegen.

Eine Planchette aus Holz kann viereckig, rund oder wie

ein Pfeil geformt sein. Wenn die Planchette groß genug ist und Sie über etwas handwerkliches Geschick verfügen, können Sie mit der Laubsäge ein Loch in die Mitte schneiden, in dem dann der jeweilige Buchstabe angezeigt wird. Zur künstlerischen Ausgestaltung solcher Planchetten eignen sich die im Anhang abgebildeten Vorlagen, die passend zu den dort ebenfalls abgebildeten Ouija Brettern entworfen wurden. Sie können aber auch einfach einen Pfeil auf das Holzbrett malen oder die Planchette von vorneherein so zuschneiden, dass sie eine Spitze hat. Unterlegen Sie die Planchette mit Filzpunkten, damit sie leicht und gleichmäßig über das Brett gleiten kann.

Auch eine umgedrehte Untertasse aus Porzellan (wie auf Seite 159 abgebildet) eignet sich sehr gut als Planchette. Der Pfeil, der den Buchstaben anzeigt, wird mit Filzstift auf den Rand gemalt. Auch wenn man die Sitzung allein macht, ist ein solcher Teller ein idealer Energieleiter. Er hat nur einen Nachteil: Auf der Oberfläche eines Holzbrett macht das Porzellan ein lautes schabendes Geräusch, das sehr irritiert. Wenn man den Porzellanteller jedoch auf Papier oder Pappkarton »laufen« lässt, ist dieses Problem gelöst.

Sie können auch ein umgestülptes Glas als Planchette nehmen. Wichtig ist, dass Sie wissen, auf welche Art und Weise der jeweilige Buchstabe durch das Glas angezeigt werden soll. Ein kleines Glas wird sich über den Buchstaben bewegen und ihn umschließen. Ich habe festgestellt, dass Glas sehr laut ist, wenn es über ein Holzbrett gleitet. Glas eignet sich daher eher für Ouija Bretter aus Karton beziehungsweise für mit Stoff überzogene oder mit Folie beklebte Bretter.

Wenn man eine Ouija Brett-Sitzung allein macht, ist es natürlich schwieriger, die Energie aufzubauen, die benötigt wird, um die Planchette effizient auf dem Brett zu bewegen.

Ich habe deshalb mit unterschiedlichen Planchetten experimentiert.

Gute Erfahrungen habe ich zum Beispiel mit einem großen goldenen Ohrring gemacht, der mir bei Sitzungen allein als Planchette gedient hat. Es handelt sich dabei um eine so genannte Kreole mit einem Gesamtdurchmesser von 3,5 Zentimeter. Da man diesen Ohrring einfach ins Ohr hängen kann, hat er keinen Clip und keinen Stift, also nichts, was die Bewegungen über das Brett stören könnte. Er ist groß genug, um die Fingerspitzen darauf legen zu können, und das Loch in der Mitte zeigt die Buchstaben, über die der Ohrring wandert, gut an. Gold ist ein Medium, das die Energie gut leitet, jedenfalls meiner Erfahrung nach.

Weniger gute Erfahrungen habe ich mit Münzen gemacht. Die Energie schien zwar leicht hindurch zu laufen, doch wollten die Münzen immer vom Brett herunter. Das heißt, die Münze fuhr über das Brett, buchstabierte ein oder zwei Wörter, bewegte sich dann zum Rand des Brettes und fiel hinunter. Das passierte nicht nur einmal, sondern gleich mehrere Male. Vielleicht haben Münzen, die durch viele Hände gegangen sind, zu viel negative Energie aufgenommen. Das würde erklären, warum ich mit einer Gedenkmünze von den Olympischen Spielen in München, die außer mir keine anderen Besitzer gehabt hatte, sehr viel erfolgreicher war.

Es wurde zwar bereits angesprochen, sei aber an dieser Stelle noch einmal erwähnt: Eine Planchette sollte leise und mühelos über das Ouija Brett gleiten. Glas auf Holz ist ziemlich laut, es sei denn, Sie haben den Rand des Glases mit Filz beklebt, was nicht ganz einfach ist. Das Kratzen einer Glasplanchette auf einem Ouija Brett aus Holz ist jedenfalls nicht lange auszuhalten. Deshalb sollte man auf Holz eine Holzplanchette mit Filzpunkten verwenden, während Planchetten aus Glas, Porzellan und Plastik am besten auf Stoff oder Karton laufen.

Atina und Helmut

Ich hatte im Zusammenhang mit meinen Recherchen zu diesem Buch das große Glück, Atina und Helmut kennen zu lernen, zwei Menschen, die schon lange und sehr erfolgreich mit dem Ouija Brett arbeiten. Sie hatten Verbindung mit einem geistigen Wesen, das sich bei beiden regelmäßig zu den Sitzungen meldete und von dem sie sehr gute Ratschläge und Auskünfte erhielten. Ich habe selbst an einer dieser Sitzungen teilgenommen und Antworten daraus, wenn sie allgemein interessanter und nicht persönlicher Natur waren, in dieses Buch aufgenommen. Was mich überraschte, war der Humor dieses geistigen Wesens, der zum Beispiel in dem folgenden Dialog zum Ausdruck kommt:

Frage: *»Wie sind die Wesen, die sich über das Ouija Brett melden?«*
Antwort: *»Wesenhaft!«*

Ich habe mich lange mit Atina und Helmut über das Thema Ouija Brett unterhalten. Dabei habe ich den Eindruck gewonnen, dass sie sehr auf dem Boden der Realität geblieben waren, obwohl sie sich regelmäßig über das Ouija Brett mit einem unsichtbaren, wenn auch sehr schlagfertigen Wesen unterhielten. Während dieser Sitzungen brannten lediglich zwei Kerzen, und im Hintergrund war leise Radiomusik zu hören. Es war für beide ganz selbstverständlich, sich mit einem oder mehreren geistigen Wesen in Verbindung zu setzen und auf diese Weise eine neue Sichtweise der eigenen Probleme zu erhalten. Von Zeit zu Zeit bekommen die beiden auch Informationen, die für uns alle interessant sind. Hier ein Ausschnitt aus einer Sitzung, die im Mai 2002 stattgefunden hat. Die erste Textpassage kam durch, ohne dass zuvor eine Frage gestellt worden war:

»Gobi ist die Wüste, dort ist mein Altar, ein Holztisch, mit einem großen Stein darauf. Der hat in der Mitte ein faustgroßes Loch. Wasser gibt man in dieses Loch, dann lebt der Stein und die Verbindung zum Universum wird verstärkt. Teilt mir Fragen zu!«

Frage: *»Lebst du dort in der Wüste?«*

Antwort: *»Nein, ich lebe im Raum des Universums!«*

Frage: *»Nutzt du diesen Altar, könnte ich ihn finden in der Wüste?«*

Antwort: *»Der Altar dient den Menschen dort. Du findest den Altar in einer kleinen Höhle, du musst aber nicht dort hin. Ich brauche den Altar nur um mit den Einheimischen zu kommunizieren.«*

Frage: *»Wie geht es den Einheimischen?«*

Antwort: *»Ich habe mich diesen Menschen zugewandt, damit die Wüste für sie erträglicher wird.«*

Ich kann bestätigen, dass die Nachrichten, die Atina und Helmut über das Ouija Brett erhalten, echt und unverfälscht sind. Skeptiker könnten natürlich sagen, dass sie die Antworten vorher abgesprochen haben, um mich zu überzeugen. Darauf kann ich nur antworten, da beide meine Fragen vorher nicht kannten und nichts von mir wussten, war eine solche Absprache nicht möglich. Auch wussten beide nichts über meine private Situation, und dennoch kamen die Antworten auf meine persönlichen Fragen auf den Punkt genau und waren absolut richtig. Ich selbst hatte meine Hand nicht auf der Planchette, sondern schrieb nur die buchstabierten Antworten mit. Allerdings lag meine linke Hand auf dem Brett. Es war eine Freude, bei dieser Sitzung anwesend zu sein, denn sie war unkompliziert und nüchtern. Daher waren die Antworten des Geistwesens um so beeindruckender.

Ein Interview mit Atina

Seit wann arbeiten Sie mit dem Ouija Brett?
Seit dem Jahr 2000. Unsere erste Sitzung war in einer Gruppe mit vier Leuten. Wir hatten Kerzen angezündet und ruhige Musik im Hintergrund laufen. Nach erfolglosen zehn Minuten machten wir eine Pause mit Rotwein. Danach versuchten wir es erneut und jetzt kam eine Frau durch, die verstorben war und sich bei einem Teilnehmer aus der Gruppe meldete. Sie war aus Ulm. Wir fragten: »Wer bist du, wen kennst du?« Sie kannte jemand aus der Gruppe und fing an, ihm zu erzählen, dass sie sich Sorgen um Ihre Söhne macht. Sie war mit 39 Jahren gestorben und antwortete anfangs nur mit Ja und Nein. Ich fragte sie, ob sie eine schöne Frau gewesen war, und sie fragte zurück: »Warum?« Sehr belustigt.

Haben Sie nach diesem ersten Erfolg sofort weitergemacht oder eine Pause eingelegt. Wie erschreckend war das Erlebnis?
Wir legten eine Woche Pause ein. Das Erlebnis war vor allem deshalb aufregend, weil sich die Person, die sich gemeldet hatte, so große Sorgen um ihre Söhne machte. In der nächsten Sitzung meldete sie sich wieder und warnte uns, dass in nächster Zeit am Ossacher See in Österreich ein Sturm sein

würde. Wir haben das aber nicht verifiziert. Sie hat dann mehr über ihre Söhne erzählt, die 72 und 76 Jahre alt waren, und dass sich jemand um sie kümmern sollte. Nach einer Pause meldete sich in der gleichen Sitzung jemand für einen anderen Teilnehmer.

Oft mussten wir über die Namen der geistigen Wesen und über ihre Antworten sehr lachen. Von »Nanette« wurden wir daraufhin als »zu albern« bezeichnet. Auf die Frage, ob sie es gut fände, dass wir so albern sind, kam die Antwort »nein«, und sie verabschiedete sich. Unsere Sitzungen sind oft von sehr viel Humor begleitet.

Wie lange hat es gedauert, bis Sie einen wirklich guten Kontakt herstellen konnten?
Nach vier Wochen entstand der erste wirklich gute Kontakt, und zwar in einer Sitzung, die wir nur zu zweit abhielten. Sie war eine Hopi-Indianerin, die mir erzählte, dass wir einmal befreundet waren und ich eine Beraterin von Apanche gewesen war. Der Kontakt mit dieser Indianerin kam öfter zustande.

Haben Sie auch negative Erfahrungen gemacht?
Es meldete sich einmal jemand, der ständig vorgab, dass wir Sünder seien und dass wir nur beten, beten sollten. Aus unerklärlichen Gründen fielen zum Beispiel Bücher bereits vor der Sitzung vom Schrank. Er versuchte uns Angst zu machen.

Wie haben Sie reagiert?
Wir haben uns höflich von diesem Wesen verabschiedet und sind mit der Planchette auf »Ende« gegangen. Wichtig war, dass wir uns emotionslos und ohne Angst verabschiedet haben. Dieser Geist hat trotzdem versucht, unsere nächsten Sitzungen zu blockieren.

Was dann?
Mit viel Geduld haben wir die Sitzung immer wieder beendet und nach einer Weile, wahrscheinlich wegen seines Misserfolgs, hat er sich nicht mehr gemeldet.

Hatten Sie jemals einen interessanten Kontakt, das heißt, einen Kontakt zu einer Persönlichkeit, die in der Welt bekannt ist?
Wir hatten Kontakt mit einer bekannten Persönlichkeit, nämlich mit Richard Wagner, der als geistiges Wesen nichts von seinem derben irdischen Gebaren verloren hatte. Er war sehr autoritär und brachte zu den Sitzungen einen Helfer mit, den er Engel Willi nannte. Wenn er eine unserer Fragen nicht beantworten konnte, musste Engel Willi aushelfen. Dieser Kontakt bestand einige Zeit. Eines Tages hat er sich mit der Information verabschiedet, dass er wieder auf die Erde zurückgehen würde, und zwar nach Afrika. Wir haben während einer Sitzung immer leise Radiomusik laufen und interessant war, dass, sobald Richard Wagner über das Ouija Brett Kontakt mit uns aufnahm, im Radio seine Musik gespielt wurde.

Besitzen Sie jetzt größere mediale Fähigkeiten?
Nicht unbedingt mediale Fähigkeiten, aber es haben sich einige unerklärliche Dinge ereignet. Eines Morgens hatte ich zum Beispiel verschlafen, was besonders unangenehm war, weil ich an diesem Tag früher an meinem Arbeitsplatz sein musste als sonst. Ich entschloss mich trotzdem, mein morgendliches Ritual wie immer durchzuführen und die Uhr absolut zu ignorieren. Wie durch ein Wunder war ich nicht nur pünktlich, sondern sogar noch vor Beginn meiner eigentlichen Arbeitszeit im Büro. Wie das möglich war, kann ich mir bis heute nicht erklären. Solche Vorkommnisse häuften sich im Laufe der Zeit. Obwohl die Verbindung mit den

geistigen Wesen über das Ouija Brett immer klappt und hervorragend ist, traue ich mich nicht so richtig an meine mediale Fähigkeiten heran, wenn sie denn vorhanden sind. Ich habe sehr viel Respekt davor.

Hat das Ouija Brett für Sie einen praktischen, das heißt auf das Leben bezogenen Nutzen?
Es gibt wirkliche Hilfen. Wir werden auch immer wieder aufgefordert, Hilfe anzufordern. Ich habe seitdem das Gefühl, dass ich nicht mehr allein bin. Es gibt viele geistige Wesen, die mir Unterstützung geben. Die Hilfestellung ist immer sehr persönlicher Natur, so dass ich sie auch im täglichen Leben gut umsetzen kann. Ich möchte sie nicht mehr missen. Wenn Helmut danach fragt, bekommt er auch immer seinen Spruch der Woche.

Mit wem setzt man sich Ihrer Meinung nach in Verbindung?
Eine Antwort auf diese Frage kam durch das Brett selbst: mit Seelenverwandten.

Hatten Sie jemals Zweifel an der geistigen Welt?
Ich hatte schon als Kind und auch später als Erwachsene gewisse Erlebnisse, zum Beispiel Lichterscheinungen. Ich wusste also schon sehr früh, dass es mehr geben muss.

Fragen und Antworten

Frage: Kann man auch allein mit dem Ouija Brett arbeiten, oder müssen immer mehrere Personen anwesend sein?

Antwort: Es heißt, es sei besser in einer Gruppe zu arbeiten, oder zumindest sollen zwei Personen an einer Sitzung teilnehmen, weil dann mehr Energien vorhanden sind. Meiner Erfahrung nach funktioniert es aber auch mit einer Person. Es ist dann nur schwieriger, das Protokoll zu führen und gleichzeitig die Verbindung nicht abbrechen zu lassen.

Frage: Wie gefährlich ist es, sich auf das Ouija Brett einzulassen?

Antwort: Wenn man eine Sitzung abhält, sollte man in jedem Fall eine positive Einstellung haben.

Frage: Wie oft kann man durch das Ouija Brett kommunizieren?

Antwort: Sooft Sie möchten. Es ist aber zu beachten, dass ein Zuviel immer die Gefahr der Abhängigkeit in sich birgt. Regelmäßig einmal in der Woche wäre zu raten.

Frage: Kann man jede Frage stellen?

Antwort: Ja. Sie können genauso gut fragen, warum Ihre Zimmerpflanzen nicht blühen, wie Sie Fragen zu Ihrer Lebenssituation stellen können.

Frage: Kann man Erkundigungen über andere einziehen?

Antwort: Ja, solange es keine persönlichen oder intimen

Fragen sind. Man kann sich auf jeden Fall immer nach dem Wohlbefinden eines anderen Menschen erkundigen.

Frage: Was ist, wenn alle Buchstaben durcheinander sind?

Antwort: Lassen Sie die Buchstaben laufen und warten Sie ab, ob nicht doch noch eine Nachricht durchkommt. Manchmal geschieht dies zur Übung, um sicherzustellen, dass die Planchette von sich aus läuft und nicht mit dem Verstand gesteuert wird.

Frage: Was soll man tun, wenn sich Störenfriede oder unangenehme Wesen melden?

Antwort: Gehen Sie mit der Planchette auf »Ende« und hören Sie auf. Wenn dies bei der nächsten Sitzung wieder passiert, tun Sie dasselbe. Allerdings sollten Sie auch Ihre eigene Einstellung und die der anderen Teilnehmer hinterfragen.

Frage: Wer antwortet mir?

Antwort: Geistige Wesen aus der anderen Welt. Dieser Kontakt kommt zustande, wenn Sie sich wie ein Fernseher verhalten, der Botschaften empfängt und ungehindert weitergibt. Es kann aber auch sein, dass sich Ihr Unterbewusstsein meldet, wenn Sie sich vor der Sitzung vorgenommen haben, mit ihm zu kommunizieren.

Frage: Wie lange muss man warten, bis man sich richtig unterhalten kann?

Antwort: Das ist unterschiedlich. Es hängt zum einen von den Teilnehmern ab und davon, wie gut sie miteinander harmonieren, zum anderen von der Bereitschaft eines geistigen Wesens, sich zu melden. Regelmäßige Sitzungen an festgesetzten Tagen führen schneller zum Erfolg.

Frage: Wie kann man sich gegen Betrug mit dem Ouija Brett schützen?

Antwort: Wenn es zu dunkel ist und zu viele unterstützende Requisiten gebraucht werden, würde ich von einer Sitzung Abstand nehmen. Der beste Schutz besteht darin, die Sitzung mit Teilnehmern zu machen, die man gut kennt.

Frage: Sind immer alle Antworten richtig?

Antwort: Nein. Wenn man nur einen sehr losen Kontakt durch das Ouija Brett pflegt, weiß man nicht, wen man »in der Leitung« hat. Deshalb sollte man bei Fragen, welche die Zukunft oder zukünftige Handlungen betreffen, immer sehr kritisch sein. Wenn Sie den gegebenen Rat noch nicht einmal von Ihrer besten Freundin oder Ihrem Freund angenommen hätten, sollten Sie ihn auch nicht von einem geistigen Wesen annehmen.

Frage: Sind alle Geister aus dem Jenseits gute Kontakte?

Antwort: Meistens schon, aber da Sie durch das Ouija Brett auch Ihre Ängste projizieren, kann auch ein sehr unangenehmer oder erschreckender Kontakt zustande kommen. Die geistige Welt reagiert auf ausgesendete Gefühle und Erwartungen. Hinterfragen Sie Ihre eigene Motivation!

Frage: Spricht man wirklich mit einem geistigen Wesen oder mit sich selbst?

Antwort: Während einer Sitzung sollte man sich immer wieder selbst beobachten. Wenn man oft versucht ist, die Planchette selbst zu führen und die Kontrolle zu behalten, ist kein wirklicher Kontakt mit einem geistigen Wesen zustande gekommen. Dann führt sehr wahrscheinlich der eigene Wille die Planchette.

Frage: Wie viel Schutz braucht man?

Antwort: Persönlich bin ich der Ansicht, dass eine gute innere Einstellung Schutz genug ist. Ansonsten ist das eine Frage, die jeder Einzelne nur für sich selbst beantworten kann. Denken Sie jedoch immer daran, Ihre eigene Einstellung zu überprüfen, wenn eine Sitzung zu theatralisch wird.

Frage: Wird immer in deutscher Sprache gesprochen?

Antwort: Nein. Ich selbst bin zweisprachig und habe für mich festgestellt, dass die Antworten in Englisch oder Deutsch durchkommen, je nachdem, mit wem ich spreche. Es kann aber auch vorkommen, dass in einer Ihnen völlig fremden Sprache buchstabiert wird. Bitten Sie das geistige Wesen dann, in einer Sprache zu kommunizieren, die Sie verstehen.

Frage: Gibt es eine Tageszeit, die sich besonders gut für die Kommunikation eignet?

Antwort: Meiner Ansicht nach nicht. Es gibt Meinungen, dass abends oder um Mitternacht eine gute Zeit sei. Manche sagen auch, die Walpurgisnacht oder Halloween seien ideale Zeitpunkte. Ich war an sonnigen Nachmittagen ebenso erfolgreich wie spät abends. Das muss jeder mit sich selbst ausmachen. Regelmäßigkeit ist hier der bessere Ratgeber.

Frage: Das Ouija Brett funktioniert für mich nicht.

Antwort: Sind Sie geduldig genug, oder geben Sie schon nach ein paar Minuten frustriert auf? Das Ouija Brett funktioniert für die meisten Menschen, wenn sie geduldig genug sind. Allerdings bestätigt auch hier die Ausnahme die Regel. Es gibt Menschen, für die das Ouija Brett nicht funktioniert.

Frage: Kann man durch das Ouija Brett von bösen Geistern besessen werden?

Antwort: Es gibt zwar Berichte, nach denen Menschen

durch das Ouija Brett von bösen Geistern besessen wurden, aber bei näherem Hinsehen hat sich meist herausgestellt, dass psychische Störungen oder andere Ursachen dafür verantwortlich waren. Ich kann nur immer wieder betonen: Arbeiten Sie nicht mit dem Ouija Brett, wenn Sie psychisch labil sind, gerade eine schwere Zeit durchmachen oder unter Ängsten und Phobien leiden.

Frage: Kann man im Auftrag von Personen fragen, die nicht anwesend sind?

Antwort: Nein. Die Personen, für die man Antworten haben will, müssen ihre eigene Energie in eine Sitzung mit einbringen, sonst sind die Antworten sehr unbefriedigend.

Schlusswort

Durch meine Nachforschungen in der Welt der Geister habe ich zu meinem Erstaunen festgestellt, wie viele großartige Menschen sich in der Vergangenheit bereits mit dieser Thematik beschäftigt haben und wie viel Wissen und wie viele Erkenntnisse im Laufe der Jahrzehnte verloren gegangen sind. Einen kleinen Teil dieses Wissens wollte ich Ihnen in diesem Buch vermitteln.

Durch das Ouija Brett können Sie sich selbst in diese andere Sphäre begeben. Und das macht das Ouija Brett zum Tor in eine Welt, die genauso einmalig und real ist wie die Welt, in der wir leben. Dort finden sich alle Charaktere, Vertreter jeden Bildungsniveaus, alle Einsichten und alle Erkenntnisse.

Begegnung
Die Welt der Geister
ist nicht immer die Welt der Meister.
Manches von dort
bedarf der Frage
und doch – ich sage:
Wage!

Bibliographie

Raymond Buckland: *Doors to Other Worlds*, Llewellyn Publications, St. Paul, Minnesota, U.S.A. 2000

Jenny Cockell: *Unsterbliche Erinnerungen*, Bastei Lübbe Verlag, Bergisch Gladbach, 1991

Richard Dalby: *Ghost Stories*, Robinson Publishing, London, 1995

Hans Holzer: *Life Beyond*, Contemporary Books, 1994

Stoker Hunt: *Ouija The Most Dangerous Games*, Harper & Row Publishers, 1985

Allan Kardec, *Das Buch der Geister,* Verlag Hermann Bauer, Freiburg im Breisgau, 2000

Allan Kardec, *Das Buch der Medien,* Verlag Hermann Bauer, Freiburg im Breisgau, 1991

Elisabeth Kübler-Ross: *Interviews mit Sterbenden*, Kreuz Verlag, Zürich, 1957

Lutherbibel erklärt, Deutsche Bibelgesellschaft Stuttgart, 1974, 1982

Michael Newton Ph.D: *Journey of The Souls*, Llewellyn Publications, St. Paul, Minnesota, U.S.A. 1998

Merthus von Norderney: *Ouija, Kontakt zu den Geistern*, Bohmeier Verlag, Lübeck, 2000

Maritha Pottenger: *Past Lives, Future Choices*, ACX Publications, San Diego, CA, U.S.A. 1997

James van Praagh: *Talking to Heaven*, Penguin Group, 1997

Jane Roberts: *The Seth Material*, Buccaneer Books, New York, 1970

Jane Roberts: *Seth Speaks, The Eternal Validity of the Soul*, Amber Allen Publishing, 1972, 1994
Jane Roberts: *The Nature of Personal Reality*, Amber Allen Publishing, 1974, 1994
Marion Röbkes: *Weisheit aus einer anderen Welt*, Artha Verlag, Haslach, o.J,
Sanaya Roman: *Sich dem Leben öffnen*, Ansata Verlag, München, 2002
Dr. Brian Weiss: *Many Lives, Many Masters*, Simon & Schuster, New York, 1988

Internet

The Museum of Talking Board
www.museumtalkingsboards.com
www.encyclopedia.com
www.e-books.com
www.fortunecity.com
First Spiritual Temple
www.fst.org
www.spiritismus.org

Bezugsadresse für Ouija Bretter

des balances – esoterische Accessoires und Bücher
Schoffelgasse 11, 8001 Zürich

Anhang

0 1 2 3 4 !
5 6 7 8 9 ?
A B C D E F G H I J K L M N O P Q R S T U V W X Y Z
ENDE
JA
NEIN

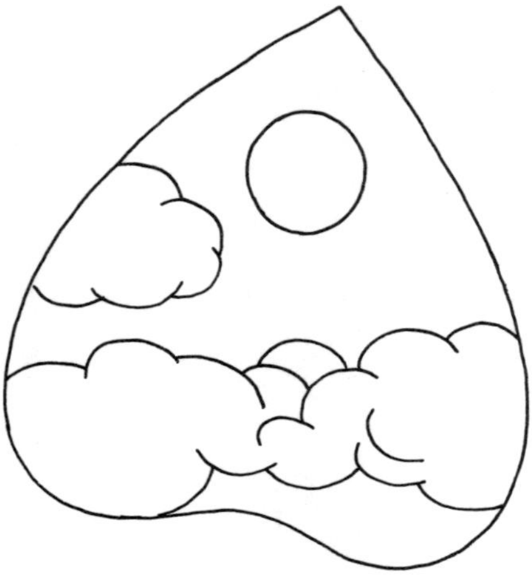

ABCDEFGHIJKLM
NOPQRSTUVWXYZ
¡0123456789?
JA
ENDE
NEIN

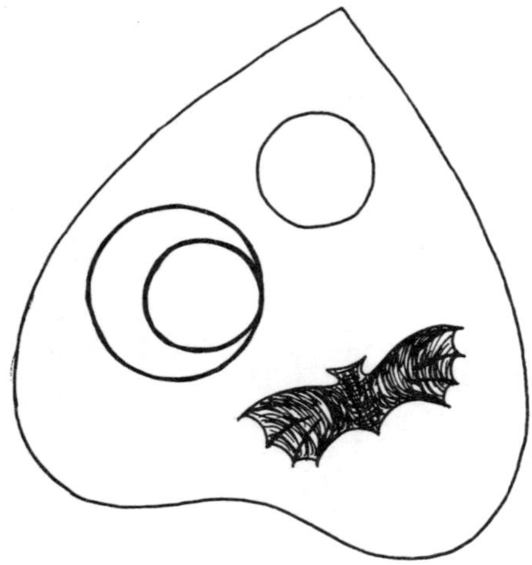

A B C D E F G H I J K L M N
O P Q R S T U V W X Y Z
!0123456789?
ENDE
JA
NEIN

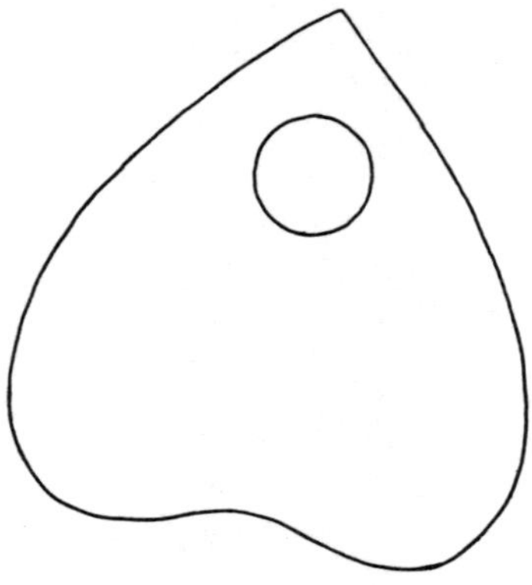

JA
NEIN
ABCDEFGHIJKLMNOPQRSTUVWXYZ
!0123456789?
ENDE

!0123456789?
ENDE